U0079819

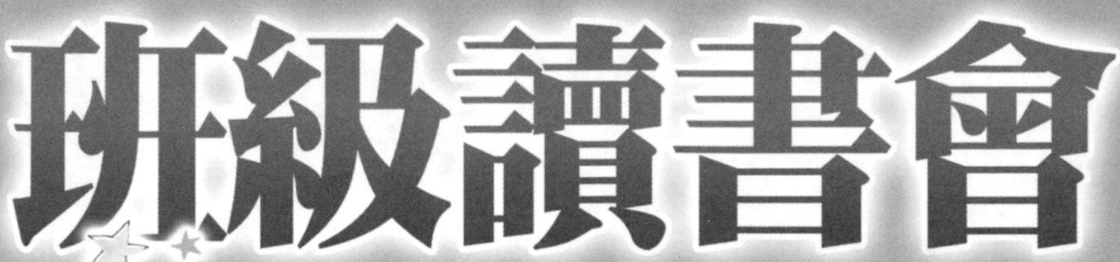

班級讀書會一本通

班級讀書會祕笈 實例現學現用

讓你第一次操作閱讀課就上手！

王淑芬、王秀梗◎著

吳嘉鴻◎圖

／王淑芬

做閱讀的敲門人

對我來說，閱讀是無可取代的最簡便求知方式。然而，只有深得其中樂趣，閱讀才會是持久且值得的事。這世界有太多事要忙：等著被發現的寶藏、等著被證實的真理、等著被闡揚的新知，這些都耗費我們時間與精力，於是，在閱讀這件事上，我們不得不精緻，不得不挑食，更不得不有「技巧」。「讀書會」便是一個能讓閱讀在短時間，得到最大值收穫的一個美麗技巧。

我喜歡以繪本《敲門人瑪麗史密斯》中的「敲門人」作為閱讀帶領人的象徵。此繪本中的敲門人是英國早期、鬧鐘未發明前（或買不起鬧鐘）的一種叫人起床的行業。尤其有些職業絕不能遲起，會耽誤晨間工作進度，因此需要有能力

天天自行早起的人為他們服務。這行業挺有趣的，各有其叫人起床的絕招，有的直接在客戶家敲門，有的自製長木桿，頂端加鐵絲，刮著客戶家的窗戶來吵醒他們。書中的瑪麗史密斯的法寶，則是中空橡膠管，加上晒乾的青豆，用力一吹，彈到窗上，乒乒乓乓的叫醒客戶。因此，我覺得這行業與閱讀推廣人有兩個相同特點：

1.想叫人起床，自己得先早起；想讓人愛讀書，自己須先是讀書人。

2.不是把豆子吹到窗上便走開，必須客戶真的被喚醒，打開窗戶答說：「行了，別敲了。」敲門人才算任務完成，可以走到下一家去繼續任務。閱讀推廣人亦是，不是把書放在他人眼前而已，必須與他對談討論，對方有所回應，才真的有讀出門道，獲取深度智慧；尤其是孩子，因為認知發展學家已告訴我們，閱讀能力是要教的。

這本書，累積我二十多年的閱讀帶領經驗。我是位童書作家，當然該關注兒童閱讀，因而在1999年便出版臺灣當時第一本為小學教師示範「如何在班級成立讀書會」的工具書，短時間便不斷再版，可見當時此類工具書有所需求。如今我全新修訂，加入更多分量，也舉出許多實例，希望能給所有語文教師、讀書會導讀人、關心孩子閱讀的家長一些過來人的實務經驗。期待所有的孩子，都能因為大人的熱情與努力，加上正確又有效的方法，成為「專家級讀者」。

本書還特地邀請臺灣閱讀策略專家王秀梗老師一起參與。她曾親自帶領班級讀書會，也常至各地以「閱讀理解」為題演講示範。但我與我這個親妹妹，最喜愛的討論話題，則是針對某篇文本，該如何提問，才能達到為孩子搭建閱讀能力鷹架的目的。我們都同意，這次問個好問題，下次孩子便能多一種思考策略，面對更多問題。因而本書最後一章，我們也示範如何編製題目，供各位參考。

人類是地球上目前已知唯一有虛擬想像力的生物，藉著閱讀，我們想像著過去與未來，因而能活出更高品質的人生。有書可讀真好，有友可與之論書、聊人生，更好。讀書會的精神在此，透過全班共讀，師生同心耕耘，必能見到滿園金黃麥穗，風中搖曳著動人生命姿態。

當教室裡有了朗朗讀書聲

2015年，一項被譽為教育界諾貝爾獎的「全球教師獎」Global Teacher Prize首度舉辦，凡是教導5到18歲孩童的各科教師，皆可自行報名或由他人提名，獎金高達100萬美元。首屆得主是來自美國的南西・艾特威爾（Nancie Atwell），她得獎主因是「以閱讀進行教學」。

南西在四十多年的教學生涯中，推動閱讀和寫作。她覺得全世界最幸福的工作是成為一位語文教師；她認為在教室裡推廣閱讀工作坊是最有效的學習方式。南西不但在教室中提供多項類別、不同程度的書籍，供孩子們選讀，並確實教會孩子如何架構閱讀方法，因而建構知識，培養獨立思考的自學能力。她的教室，是豐富浩瀚的閱讀基地；如此不一樣的教室，讓許多原本文化不利的孩童，進而改變一生。

我們不一定複製她的教學法，但為自己的學生打造最適合他們的「不一樣的閱讀課」，精神卻是相同的。這樣的課堂，理念是「自學力才是永遠的競爭力」，而自學力最簡便有效方式，便是教會孩子「閱讀力」。

一間充滿書香的課堂，是最美亦最堅固的心靈堡壘；班級讀書會，讓教室不一樣起來。一間因為閱讀討論而熱烈高亢，時而爆出笑聲、時而沉默深思的教室，才有生命。那些因為不解的困惑、因為解惑的明朗，都值得一起叩問探索。我們需要有陽光、有意義的教室。孩子因閱讀而成長，便是我們頒給自己的教師獎。

本書中，我會將成立「班級讀書會」的實用操作流程，從無到有，從心理準備到如何共讀討論，皆以實例示範。其中也融入一般的閱讀教學，就算無法成立班級讀書會，平時還是可以隨機隨時進行各類閱讀相關活動，對廣大教師與家長、圖書館員、閱讀志工亦具參考價值。

目次

自序

做閱讀的敲門人／王淑芬 02

前言

當教室裡有了朗朗讀書聲 06

壹 成立「班級讀書會」的前置心理準備

一、為什麼全班共讀這麼重要 14

二、成立「班級讀書會」可能會遇到的阻礙 27

三、解決阻礙之道 31

四、理想的班級讀書會流程 45

貳 班級讀書會的前置準備

一、擬訂「班級讀書會實施計畫」 52

二、向家長說明「班級讀書會」成立之意義 54

三、家長想促成教師成立「班級讀書會」 59

四、和學生討論班級讀書會之益 60

五、平時可做的「引起閱讀興趣」活動 66

六、了解各類閱讀理解策略 69

參 如何選書與購書

一、選書的標準 80
二、如何決定班級讀書會的選讀書單 88
三、如何購書 92

肆 讀書會的預讀與熱身活動

一、預讀單設計與操作重點 98
二、有趣的讀書會熱身活動 105

伍 讀書會如何導讀

一、誰來做導讀 110
二、導讀者的準備工作 111
三、導讀文本的趣味操作活動 130

陸 讀書會如何討論

一、如何設計好問題 138
二、有趣的討論活動 161

柒 指導學生做閱讀記錄

一、我的閱讀存摺 169

二、亮點摘要書 171

三、出版我的 Zine 172

四、讀書會專刊 174

五、舉辦「瘋狂讀書會」 175

捌 讀書會的延伸活動

活動 1：書中人比賽 182

活動 2：顛覆劇場 182

活動 3：偶像爭霸賽 184

活動 4：廣播劇或面具短劇 185

活動 5：小小插畫家 185

活動 6：故事接龍 186

活動 7：寫信給作者 186

活動 8：邀請作者來訪 188

玖 獎勵與觀念

一、如何獎勵 192
二、如果有學生參與意願很低 192
三、運用社會資源 193
四、幾個觀念 194

拾 閱讀能力評估

評量題 1：〈賣牛奶的女孩〉適用於低年級以上 207
評量題 2：〈蘇東坡賣扇〉適用於中年級以上 212
評量題 3：《地圖女孩 · 鯨魚男孩：十年後》摘錄 適用於高年級以上 217

成立「班級讀書會」的前置心理準備

一、為什麼全班共讀這麼重要

你當然同意：讓孩子多看好書是對的。但是，當我們進一步討論它到底有多重要性時，你可能會遲疑一下：閱讀，有沒有比會講流利英語重要？有沒有比精通最新數位科技重要？

在此先模擬一些問題，我也提供想法。試試在以下的問與答中，你自己的答案又是什麼？

問題1：如今是資訊時代了，從網路取得的資訊很多，還需要看書嗎？

我的想法：在網路（或將來更科技的產品）上，一個人學習到的，只是資料。它不能教你「為什麼情操比金錢重要」，它不能協助一國元首抉擇「啟動核彈按鈕或進行和平談判」。

讓我們把記憶、貯存資料、計算排列、機械反應、簡單邏輯等事情交給電腦處理，讓我們把剩餘時間用來廣泛閱讀，學習如何成為獨立思考的「地球上唯一具有理性的動物」。對了，人類也是目前所知唯一有虛擬想像能力者，因此，才能透過閱讀小說或其他文本，來預習人生，儲存應付人生各類困境的生存能力。

問題2：讀學校的教科書難道不夠，還需要看課外讀物？

我的想法：當然不夠。難道你整天只吃白飯，不必吃魚肉蔬菜水果，甚至偶爾來杯紓解情緒的香濃咖啡？

學校正式課程，只是在訓練孩子的基本學力，它能讓你知道「探索號太空船於何時發射」，卻沒與你深論「它還帶了大翅鯨的歌聲到外太空做友好問候，這件事的意義為何」。它可以訓練你如何寫封格式正確的信函，卻教不來怎麼寫出震撼人心的演講稿。

更何況，根據全世界各國趨勢，都顯示未來教科書不再是唯一的教學工具，教師必須主動發展課程及自編

教材。評量更採多元化，只讀一本教科書，絕對無法適應未來。

2016年德國高中會考，語文一科，有道題目是給考生兩首當代詩人的作品，然後要求學生「試比較此二詩在形式與內涵上的異同」。

2017年高考北京卷《考試說明》正式發布，語文將《紅樓夢》等六部經典作品納入必考範圍。於是2017年北京高考作文題之一，便是「請從《紅樓夢》中的林黛玉、薛寶釵、史湘雲、香菱中選擇一人，用一種花來比喻她，並簡要陳述這樣比喻的理由。」也就是要求學生先依據原著，又能在延伸比喻中自圓其說。

2015年臺灣大學學測的國文科試題，有道題目測試「看圖寫作」能力，畫的是李白穿越時空來到現代，請學生作答：他會「低頭」做什麼？

這種考題與答題方式，已非死背教科書所能應付。

此外，還有一個重大理由：目前中小學的正式課程，並沒有針對「整本書」的閱讀教學，不論課本、單節閱讀課、晨讀時間，學生習得的，都是「短篇、碎片式」的閱讀經驗，欠缺長篇小說或全本單一主題書的閱讀體驗。所以，如果能藉由班級讀書會，就算一學期只共讀一本長篇小說，都能彌補此缺憾。畢竟，整本書的閱讀能力，才是將來學生自學時需要的。

問題3：其實打電腦、電動益智遊戲，也一樣在訓練反應、判斷能力吧？

我的想法：電腦、電玩只是不斷的重複，永遠跳不開它設計好的程式範圍內。乍看之下，好像孩子在打電腦、電玩時，充分運用反應力，應付各種狀況；不過，只要多玩幾次，孩子習得的，只是機械化的應變能力。我並無討伐電腦、電玩之意，只覺得現今孩子若太沉迷於各類數位產品或環境中，實在可惜。有些家長甚至還以為，學電腦比參加讀書會有用。

請注意，電腦、電玩只能訓練一部分基本能力，更高深的邏輯層次，還是藉著閱讀以激盪思考才行。就連目前全球最夯的「程式設計」能力，也要求先有條理清楚的邏輯力。2016年，臺灣邀請英國程式教育專家，湯姆・柯里克教授（Prof. Tom Crick）為小學教育界示範教學，他的第一堂課便不用電腦，而是先玩一場「你說我做」遊戲，練習「如何下正確指令」（口語表達能力）。因為程式設計與邏輯思考最相關。

先透過閱讀，培養理解力、邏輯力，才能真懂與應用數位技能。

問題4：我買了許多知識類的書給孩子，至於故事、小說等文學、哲學類的作品，不讀又如何？

我的想法：人之所以為人，就是因為有人性。為什麼有高級知識分子淪為為情所困的殺人凶手；為什麼滿腹經綸的博士，回到家是個揍老婆打小孩的暴力分子？就是因為傳統教育體系，太不重視情感教育了。情意教學的薄弱，使得學生習得專業知識，卻不知如何尊重別人、關懷生命。

而文學、史學、哲學類作品，是最能激發美好情操的催化劑。它不能告訴你怎樣製造太空船，但是能啟發你對浩瀚宇宙的壯大想像。許多作家，窮畢生之力，用他的人生智慧、生命經驗寫成書籍，而我們，只須花幾小時、幾百塊錢，就能享用他的生命精華。你說，划不划算？

好的文史哲作品，可以培養一個人的感覺能力、價值取捨能力。一個人不一定要學識淵博，但一定要活得有品質，知道自己為何而生、往什麼方向走、堅持何種理念、如何快樂過一生。

問題5：我已經買了不少書給孩子了，不論身為家長或教師，義務已盡了吧？

我的想法：這一點其實需要延伸出兩個問題

⑴閱讀能力是天生的，還是要教？

⑵如果閱讀能力需要教，教什麼？

戰國末期思想家荀子曾說：「誦數以貫之，思索以通之。」意思是透過多遍反覆誦讀，便能自己思考得知其道理，亦即古人所云「讀書百遍，其義自見」（讀經教學常用此法）。然而如今全世界的認知發展學家已給我們答案：「讀書百遍，其義不會自見」，閱讀能力，必須透過正確教導方能獲取。不是買一堆書給孩子，讓他自己讀，且孩子也愛讀，就夠了。所謂「閱讀力」，還必須是因為讀的過程，形成一種新的思考模式（我常說這叫做「改變大腦結構」）。這個能力，必須經由經驗豐富的他人來示範引導。

第二個問題，「閱讀能力」要教什麼？如果以國際目前視為閱讀能力評量的指標PIRLS為依據的話，小學四年級閱讀文本後，要有四個層次的閱讀能力：

第1層：直接提取的能力；是否能找出文中清楚寫出的訊息。

第2層：直接推論的能力；需要連結文中兩項以上的訊息，得到推論。

第3層：詮釋整合的能力；需要提取自己已知的知識，連結文中未明顯表達的訊息。

第4層：比較評估的能力；檢視與評論文章內容語言脈絡。

這些能力，小學生很難自己讀著讀著就會了。最佳方式，便是在班級讀書會中，老師提出個「好問題」，逐步帶領孩子建構出這些能力。

問題6：在家自己讀與全班共讀，有何不同？

我的想法：一個人靜靜的讀一本書，是「一條線」，因為所得的，是自己原有經驗，加上解讀書籍所得的新經驗，如此而已，永遠是自己的想法。兩個人討論一本

書，是「一個圓」，因為除了自己，你還能聽到第二種閱讀想法。他的看法也許正好彌補你的迷思，形成一個較完整的圓。一群人討論一本書，就不同了，是「一個球」。你不但能聽到除自己之外的第二種看法，還可能有反面看法、側面、意想不到的多元觀點。

「群體共讀」在實際執行上，也有：1.可公開討論、2.可長期關注、3.可一起行動的優點。

我總認為，一個懂得在書的世界裡認識自己、悲憫生命的人，是幸福的。身為一個大人，我多想告訴孩子：關於人生，請問「書」，大部分的解答就在其中。

其實我相信，所有正在翻閱這本書的人，一定也是個愛書人。在您的成長過程中，必定也有令您難忘，或永遠摯愛的書。有些書，甚至改變整個世界，讓人類文明史換了一頁，重新書寫。

然而，下一代越來越不愛閱讀，又是個不爭的事實。真不知道如今還能為一本好書廢寢忘食的孩子，剩下幾個百分點。大量舶來的、聲色主題的漫畫、電玩，已取代書，成了孩子的主要休閒活動。我曾經做過簡單調查，在一個小學班級中，每週會固定看一本以上課外書的學生，竟然不到五個。我真懷疑到下一個世紀，是不是得制定「閱讀法」，才能逼迫學生閱讀了。然而，被逼的，又有什麼意義？

1999年，當時因為自己是童書作家，於是當然得關注兒童閱讀，我除了出版相關工具書供教師參考，也到處分享經驗，演講、示範，與教師們交流。我注意到的確有不少某些學校大力推動閱讀運動，以各種獎勵方式試圖炒熱這件事。不過，我也察覺出其中弊端。因為，獎勵方式多以「量」的考核，似乎在告訴孩子：拚命看、賣命看吧，看誰能先打破一個月讀五十本的速度。然而，閱讀豈能狼吞虎嚥？更不須比賽誰能一目十行速讀。如果能很精致深度的進入書的世界，那麼，就算一

個月只看一本，也許更勝於翻五十本。

因演講之故，我認識一群不願坐視孩子遠離閱讀的教師，知道他們在班上帶讀書會，讓學生知道，讀書是多麼富有、浪漫、愉快、激昂。如果不幸孩子生長在一個不肯買課外書的家庭中，至少在學校裡，他還有一線生機，能遇見注重閱讀的老師，這樣的學生真幸福。

如果你是家長，很希望孩子在學校，也享有閱讀的樂趣（獨讀樂與共讀樂絕對不同），你可以在適當時機，以婉轉方式，鼓勵孩子的老師規畫此活動（當然，你得提供協助）。

身教重於言教，當自己是個肯花時間、花錢、買書讀書的大人，孩子必定能耳濡目染。

讓我們來做個小小測試

教師（家長）閱讀熱情指數檢核表	是	否
1.我去年一整年有買過三本以上的兒童讀物		
2.我覺得一本書（約三百元）一點都不貴		
3.我經常逛書店		
4.我習慣買書當禮物送給孩子		
5.我常上圖書館		
6.我自己習慣一個月至少精讀一本書		
7.我常講書裡的故事給孩子聽		
8.孩子看書時，我不會打擾他		
9.家中（教室）設有書櫃		
10.我知道臺灣有哪些優秀的兒童文學作家		
小計（答「是」每題一分）		分

分析 閱讀熱情指數

十至七分者：熱情十足、活力充沛，是個標準「愛書人」。

六至三分者：親愛的，你還可以再「High」一點。

二至零分者：有些「冷血」，需要加溫。

想想，你覺得自己足以當孩子的榜樣嗎？有哪些地方可以改善？有哪些可能尚待實現？

容我簡單的再把「為什麼要推動班級讀書會」條列式的總結，也是我寫作本書的動機：

1.補充孩子只讀教科書的不足。

2.讓孩子了解如何深入閱讀一本書，學會有層次的思考書中內涵，統整之前的閱讀經驗。

3.讓孩子從享受閱讀的美好氣氛中，感受到與智慧衝擊出火花的樂趣，從此愛上閱讀。

4.讓孩子體會與其他人討論、激盪腦力的樂趣。

5.培養孩子可以「一輩子自我學習」（自學力）的本領。

6.強迫自己和孩子一起成長。親子或親師之間，也因而養出心靈交流的美好默契。

7.協助或督促嚴謹的出版社能繼續出版好書。這一點絕不誇張，唯有帶動閱讀風氣，讓大家習慣買好書，整個文化出版業才有生存空間。

二、成立「班級讀書會」可能會遇到的阻礙

理想必須植根於現實的土壤中，才能萌芽生長。因此，我們先面對「班級讀書會」成立過程，可能會遇到的一些阻礙問題，以及解決之道。（我希望這些阻礙只是「可能」。）

問題1：購書

首先，是購書問題。要精讀一本書，當然最好是人手一冊，至少也兩人一冊輪流閱讀。但是……

⑴請家長自行購買，有的說附近書局買不到（這點有可能）；有的質疑為什麼要額外買書，是否與書商勾結；有的根本相應不理；有的甚至一狀告到校長室（所以事先一定要做好親師溝通）。

⑵如果是由教師統一代購，得花費時間聯絡、跑腿；尤其還得收錢，既麻煩又怕被誤解，更有可能教師還得

賠錢倒貼。

⑶想向學校圖書室借閱，卻無法一口氣借到與學生人數相同的書。

問題2：時間

⑴究竟利用什麼時間進行「班級讀書會」？

⑵勢必耗費教師更多額外時間準備。不過，對有熱誠的教師來說，這一點其實不是問題。正好也讓自己重溫閱讀之樂。

問題3：孩子就是不愛看書，怎麼辦？

不妨設個「閱讀病情診療單」，讓孩子自己逐步澄清，了解為何不愛看書。

[範例] 閱讀病情診療單

病情	建議處方 （請學生試著自己想出解決之道，或透過全班共同討論）
我沒時間看	
我覺得故事書很幼稚	
我沒書可以看	
其他	

透過逐步討論與澄清，孩子可能找出背後原因，鼓勵他試著面對解決。讓他自己來，永遠比「老師指導你該如何做，照做就對了」好。自發自願的才能長久。而全班共同討論，還有個優點，較能互相影響。有的孩子原本不特別想讀，看到或聽到同窗好友的熱心相伴共讀，也許能激發他有興趣也試試。

當然最後，還是會有讓人失落的可能：累了半天，結果發現再怎麼賣力，總是有幾個學生不愛看就是不愛看；甚至有些家長也完全不支持、不配合。天底下難有

十全十美的結局，我們做好心理建設便是。別指望每個學生都能被你澈底改造。告訴自己，就算只影響一個學生，亦是功德無量。他這輩子，可能因為你的引導，而改變一生。

問題4：有可能招致其他班級教師，甚至學校行政人員的「異樣眼光」

我不知道這個世界是怎麼回事，但是，就是有些人受不了別人的「好」。教育社會學倒有個名詞可以說明：一般教師信奉「平庸主義」，或稱「反智主義」，最好不要與眾不同，太熱心或太突出者，往往被排拒在團體之外。真希望這只是那些學者寫在書上的個案，若有教師真心想為孩子做些事，卻被同僚嘲諷、妒忌，是何等不堪。當然，最終，我們都會為了一個理想而願意全心捍衛，不管他人怎麼想。因為這件事，是今天不做，明天就來不及了。一旦孩子養成摒棄閱讀的惡習，無法忍受成篇成章的文字，長大後，也不會幡然悔悟、忽然熱愛閱讀的。

三、解決阻礙之道

看完上一段的重重阻礙，你開始覺得日子好好的，何必和自己過不去嗎？不過，你心底一定還有另一種聲音，叮嚀著：「幸福不是一切，人生還有責任。」（這是法國作家卡謬說的）一己的快樂固然能與世無爭，但總還有些缺憾；某些快樂是必須建築在痛苦上的。

其實，人生樣貌，只須換個心態，見到的景觀必然不同。當你準備進行班級讀書會時，不妨先找人支援諮詢，聽聽過來人的經驗談或他們的心路歷程，相信能給你不少良方。

（一）解決之道1：找支援

1.各個圖書館（國立、市立、區鄉鎮、各校等），可能

會有相關資料可以搜集。有關「讀書會」的工具書，應該被編入教育類，或向圖書館的推廣組詢問請教。

2.向已經進行的「前輩」求取祕笈。網路上也有不少閱讀名家、教師群可尋求協助。

3.集合幾位同事一起進行。團結力量大，不但可以互相打氣，還能互通有無。

4.先對幾位理念相同的家長放出此一「利多」消息。例如：在閒聊中，不經意說出：想在班上成立讀書會，又怕其他家長不支持……必有熱心家長願意代為號召其他家長成為後援部隊。

5.向各地閱讀相關團體求援。臺灣閱讀相關機構單位非常多，僅列出幾個單位供參考：

(1)臺灣閱讀協會http：//readtw.org.tw/

(2)文化部兒童文化館https：//children.moc.gov.tw/index

(3)臺灣閱讀文化基金會（有「愛的書庫」）http：//twnread.org.tw/

(4)教育部閱讀磐石獎 http：//teach.eje.edu.tw/bestreader/

(5)貓頭鷹親子教育協會http：//www.owltale.org.tw/ap/index.aspx

(6)財團法人臺灣兒童閱讀學會https：//www.facebook.com/tcra.fans/

(7)兒童深耕閱讀教育網http：//reading.tp.edu.tw/reading/cht/index.php

(8)天下雜誌教育基金會—希望閱讀http：//reading.cw.com.tw/index.jsp

(9)臺灣雲端書庫http：//www.ebookservice.tw/

其實，就算一己勢單力薄，一想到這個活動，既不傷人也不圖利，反而是腳踏實地為下一代培養書香氣息，就應該理直氣壯的開始。

（二）解決之道2：找出好的時機點

低年級可以辦讀書會嗎？學期中可以嗎？其實我以為，只要安排得當，什麼時候開始都可以。

1.低年級一樣可以進行。當然，所選讀的書以圖畫書或橋梁書為主，而學習單及讀書筆記也多以圖畫、短文記錄。一年級建議於下學期才開始，對教師而言，負擔才不會太大，免生挫折感。

2.剛開學時，班級雜務較多，反而學期中開始比較從容。不過，很多學校會安排在開學不久舉辦親師座談會，不妨先於此時預告家長，準備進行此活動，一來取得支持，也可以順便徵求人力資源。例如，問家長：「如果開始辦理，能不能有人幫我收書款，聯絡出版社？」或乾脆徵求幾位家長，成立「讀書會支援小組」，選出一負責人，日後教師直接與其連繫。

3.如果找不出整堂課時間進行讀書會，就「碎片式」的善加利用小時光吧。「晨讀10分鐘」便是因應而生的好方法。可以是晨間、某節課忽然多出來的空白10分鐘。隨機運用，可先讀小短文。

4.最重要的是，教師自己覺得：「可以了。」才開始。

我的意思是，自己要先對這件事有熱情，抱著快樂的心情來面對。先別想能不能成功，會拯救幾個學生，會不會白費心血？告訴自己：「我讀書，所以我快樂；我帶著孩子一起讀書，更快樂！」

（三）解決之道3：共讀之書在哪裡

如果更廣泛的談，班級讀書會的基本主旨其實是「共讀共討論」，因此可以採用形式很多。若針對「讀哪些書」而分，以下幾種形式，都能讀出符合此精神的結果。

選讀之書的形式	方法
A全班共讀一本書（整書閱讀）	◆讀相同一本書，再圍繞此書做深度討論 ◆臺灣閱讀文化基金會，設有「愛的書庫」可以借到足夠數量供共讀的書：http：//twnread.org.tw/
B全班共讀數本書	◆選幾本主題相同，或可供互文對照的書，花較長時間共讀，再一起深度比較討論
C文學圈 Literature Circles	◆在美國行之多年。老師先提供多本書，讓學生自由選擇要讀哪一本。選相同書者成一組，自己訂議題討論，以「摘錄要點、提出問題、預測推論、連結延伸和評價判斷」為主 ◆因為是學生自主獨立的閱讀，較適合已有基本閱讀能力者。比如高年級以上

選讀之書的形式	方法
D全班共讀一篇文章	◆如果時間不夠，或無法人手一書，可先從一篇文章開始共讀，並深度討論
E群文共讀	◆選數篇主題相同，或可供互文討論的文章，一起綜合討論
F課程地圖	◆讀教科書，但同時將全本教科書的所有文章，一起深度剖析討論。請見下一節詳細說明
G利用雲端圖書館共讀	◆臺灣雲端書庫http：//www.ebookservice.tw/ ◆如果有順暢的網路設備，運用雲端的圖書也是不錯方法 ◆各地方政府有其電子書的借閱方法，可上網查詢

理想中，最好能每位學生人手一書，才能在家好好詳讀，然後共同討論。本書也希望班級讀書會，採取上表中的A。然而一提起買書，家長卻可能有個別狀況，不見得如教師之願。以下是幾種替代方案：

1.與同校幾位同事商量，各班買不同的書，然後各班交換閱讀。於是家長只交一本書的書款，但卻能在一學年內精讀數本書，畢業前還能帶一本回家。對某些家長言，會覺得較划算。

2.若班上只有一本書，可由教師朗讀，或讓學生輪流讀給全班聽。或將書內容錄音為自製有聲書，讓學生可在課堂、晨讀、休息時間反覆聽。但這是非不得已的權宜之計，並不鼓勵。

3.若無法共讀一本書，可先從共讀一篇文章開始。

4.向學校建議，爭取經費，至少買一本足夠學生數量的好書，置於圖書館，方便每年供學生借用。鼓勵家長捐錢給學校時，指定作為購書之用。

（四）解決之道4：課程地圖式的群文閱讀

如果真的短時間無法覓得可讀之書，就先從讀教科書開始，但讀法與平時的「讀單篇課文」不同，採取的精神是「群文閱讀」；也像是將整本教科書，當成一本短篇結集的書來讀。其實真正高效能的閱讀策略，是在每一次閱讀歷程中，都可以進行認知學習，不論讀的是什麼，就算是課本，藉著整本書分析、群讀，一樣能讀出大能力。

以小學課本為例，一本語文教科書中，可能涵蓋故事、散文、韻文。教師可將全書先做分類，比如所有的故事類一起群讀。再與學生討論，同樣是故事，這幾篇故事的重點各為何？

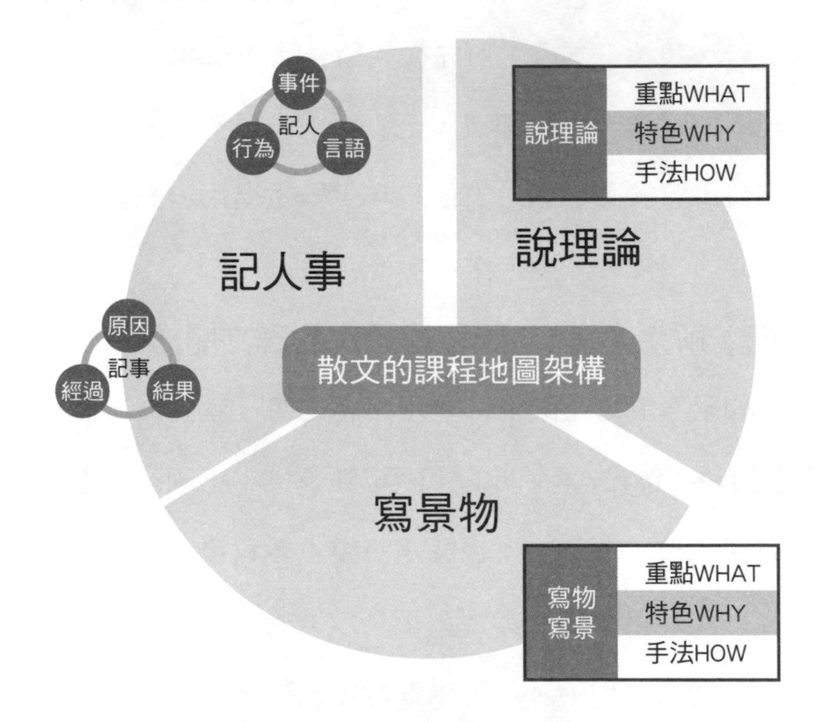

以臺灣某中學課本為例，整本書中有小說、散文、韻文。其中小說類的群文閱讀，又可依小說閱讀的核心

重點，分為「主題、人物、情節」三項。可製作成表列如下，藉此表讓學生在讀完所有小說規畫的核心重點後，深度討論；此外，如果每一篇除了規畫核心重點當主學習外，另再規範副學習，這篇副學習就是下一篇的主學習，如此反覆且加深的學習，一樣能讀出高層次閱讀能力。

[範例]課程地圖列表（以其中的「小說」為例）

類型	核心重點	篇名	我找到的主旨或書寫重點方法
小說	主題	1.黑珍珠	成長寓意
		2.空城計	如何解決難題
		3.雨錢	充滿諷刺風格
	人物	4.美猴王	鎖定人格特質
		5.麥琪的禮物	著重人物細節
	情節	6.定伯賣鬼	事件脈絡
		7.湯姆歷險記	刷牆場景的描寫
		8.王冕的少年時代	以時、空分配段落來呈現節奏的快慢

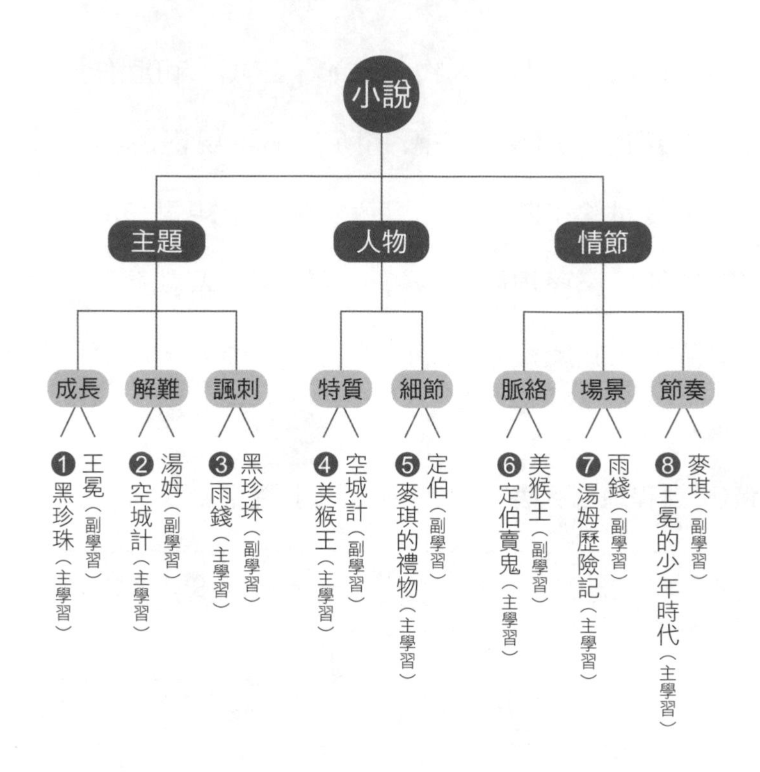

再以臺灣小學某版本教科書為例，鎖定四、五、六年級課本中所有與「月光」為主題的文本，做「主題式」的群文閱讀。

寫景主題	年級	課文標題	寫景聚焦	備註
月光	四下	踩著月光上山（1-3段）	◆藉著燈光來寫月光（對比） ◆藉著位置移動來寫不同的景色（遠山的光帶、樹林的月、天上的月、山下的燈海） ◆不同景色有不同的比擬。 ◆將月光灑落枝葉譬喻成跳房子般踩著月光	作者吳源戊
	五下	我眼中的東方之最（2-3段）	◆直寫月光下的景 ◆對於景色的感受比擬極有深度（溫潤潔白、進入了休止的時刻、無始也無終） ◆視角：俯瞰	作者褚士瑩
	六上	旅客留言簿（第4段）	◆月的特寫 ◆月亮升起的動態描寫 ◆月升的形狀變化 ◆視角：仰視望月、俯視望河面月色	作者陳素宜
	六上	荷塘月色（4-5段）	◆藉著光與影來寫月色 ◆詞藻華美 ◆移覺格的修辭	作者朱自清
設計理念	同樣都是描寫月光景色的文章，但是每篇卻可以有相同的與不同的教學重點，這就是一種群文閱讀的概念			

踩著月光上山（1-3段）結構圖

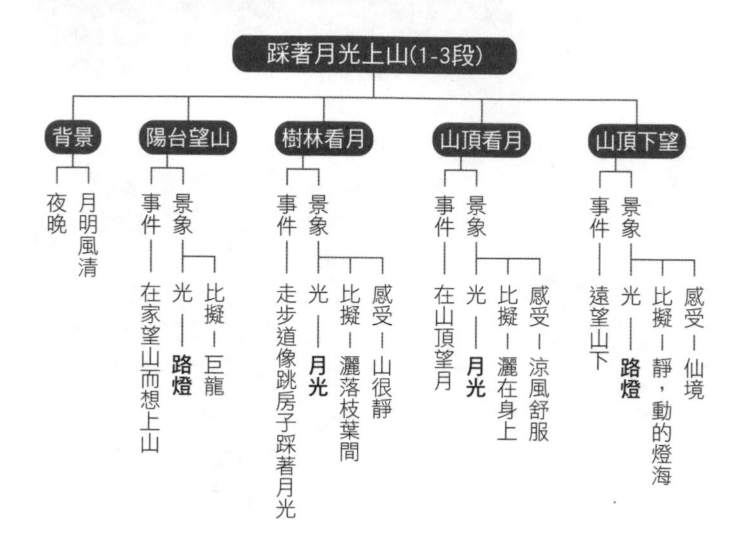

我眼中的東方之最（2-3段）結構圖

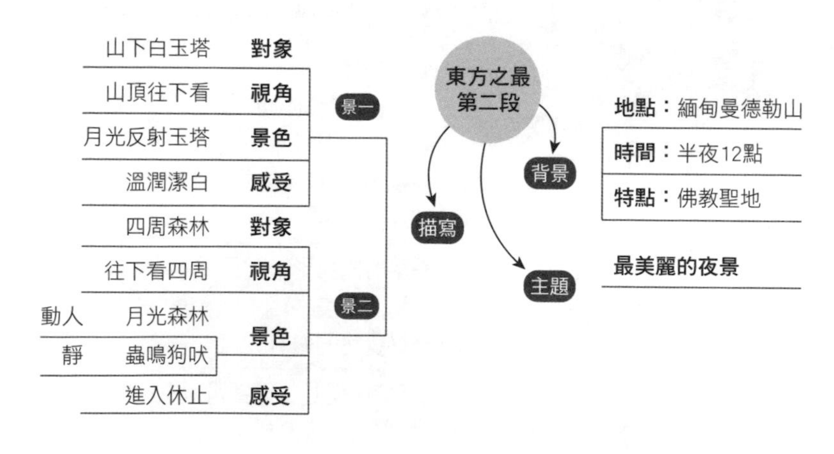

旅客留言簿（第4段）結構圖

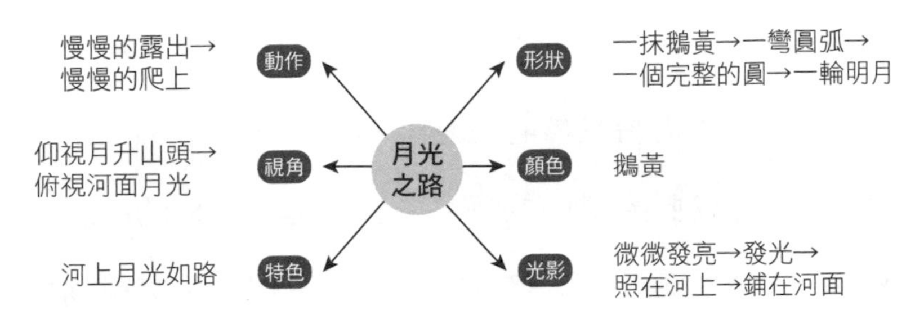

荷塘月色（4-5段）結構圖

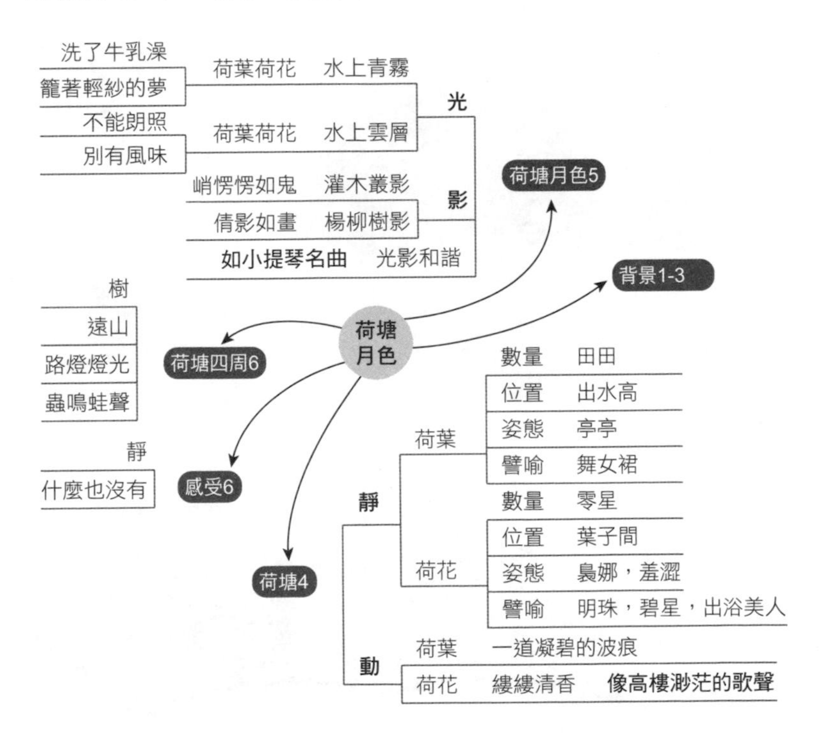

在製作課程地圖的過程中，學生練習如何將一本課本中的不同文章，先就文本型式分類（是小說、還是散文、韻文）；再將其核心重點分類，依序再分別找出各篇文章是屬於此架構中的哪一支線，進行該類的深度學習——於是，學生不但學得紮實，在過程中，更學到如何歸納統整的能力。

四、理想的班級讀書會流程

John Adams約翰・亞當斯是美國第二任總統，他曾在一篇演講中說到：「Let us dare to read, think, speak, and write」（我們須勇於閱讀、思考、發言與寫作）；這正巧也是我認為的「閱讀完整流程」，讀→想→說→寫。光有閱讀力還不夠，必須延伸發展為思考力、發言力、寫作力。因此，我理想中的班級讀書會，希望學生不但愛讀，愛動腦思考，也能說、能寫。本書中不另立章節談寫作，會在每階段中，融入介紹可搭配教學生寫什麼、怎麼寫。

如果依「讀想說寫」目標，最好的班級讀書會流程，可以是：

1.閱讀準備	◆以境教、身教方式，讓孩子覺得閱讀是件重要且快樂之事。此階段可以隨時進行、隨機進行、永遠都在進行
2.選書	◆老師精選或孩子共同選出想讀的好書
3.買書或借書	◆取得準備共讀的書
4.熱身遊戲	◆導讀人（Leader）先帶領熱身遊戲，引起閱讀動機
5.完成預讀單 （學生讀文本的時間可彈性決定）	◆選根據文本重點，設計預讀單，讓孩子知道題目就是將來要討論的重點，如此孩子進行閱讀時會較有焦點。（但不需要每次皆做此活動） ◆兒童自行閱讀並填寫預讀單。這階段如果是四年級以上學生，可指導練習針對文本：畫重點→寫摘要→畫結構圖 請注意，學生讀文本的時間可彈性決定。可在上階段（未導讀之前）自由讀，填寫預讀單。也可只先知道預讀單的題目（先不寫），知道將來讀的重點，然後在下階段導讀之後才讀
6.導讀	◆用一節課時間進行針對文本的導讀。或簡單討論文本重點後，再請學生自行閱讀。最好留足夠時間，讓每個人都能讀完文本
7.討論	◆至少用一節課時間進行深度閱讀討論
8.發表	◆舉辦針對此次閱讀的發表會，各種形式皆可
9.完成閱讀記錄	◆通常是紙本的記錄，但要代之以有趣的影像錄音、錄影亦可
10.延伸活動	◆比如：辦一場書香party、書香下午茶會，目的是將閱讀連結上愉悅

不過，當然不可能也不需要每本書都照上述流程來。此表僅供參考，必須視所選的書、學生年級、可運用的時間等實際狀況，選擇幾個步驟操作，否則，每回都如此，老師自己累垮，便破壞興致了。但本書仍會詳細說明所有流程的細節進行方式，請大家彈性應用。

閱讀名言

- 十九世紀法國作家雨果說：不論何種蠢事，只要每日閱讀好書，便有如置於火上烘烤，將逐漸熔化。
- 十七世紀法國哲學家笛卡兒說：閱讀好書，便是與最傑出的人談話。

班級讀書會的前置準備

擬計畫、做妥前置準備，最大意義與優點，是讓自己條理化這項活動，以便正式推展時流暢且系統化，不但提高成功率，也提升自我信心；用來向他人解說與說服，也更清楚。條理清晰的計畫，是讓人明白你已準備好，也讓活動能永續經營。若是因故中途必須由別人接手，也可以毫無障礙繼續實行。

首先，最重要的前置準備是「訂定明確目標」，想清楚本次、此階段我要做什麼。如果是低年級，應該是先培養他們閱讀興趣、鼓勵多認識、累積詞彙，與練習基本的閱讀技巧。到中年級，開始注重閱讀策略；高年級，說不定可以讓他們自己進行「文學圈」式的閱讀——如此循序漸進的規畫，從「悅讀→閱讀→躍讀」的階段目標，也是不錯的選擇。總之，必須配合所面對的，是何種閱讀先備經驗的學生，決定現階段的閱讀教學重心，所有的計畫，便圍繞此目標來訂定（每階段的目標不要野心太大、太龐雜），便不會茫無頭緒，或失焦。

其次，「調整教師自己的閱讀期望值」亦為前置準備中，重要的心理建設。

我曾經遇見一位在班級推動閱讀活動多年，卻帶著張愁眉不展的苦臉跟我說：「我覺得好累，帶領學生閱讀，我教得很賣力、很辛苦，卻好像看不見他們有什麼改變！」

請調整心態，做好兩個心理準備：其一，不見得每個學生最後都愛上閱讀，也不見得讀了就一定在各方面馬上有進步。其二：閱讀成果，不見得在眼前立刻呈現。因為閱讀之功有時無法立竿見影；也許學生讀進去了，但必須多年後，在人生某個衝突點時，才會將從前讀某本書的感動取出來印證對照，並因此得到理解與釋然。有些學生的寫作能力看得到進步，有些學生口語表達能力變得清晰條理，有些則什麼進展也看不到。教師調整「閱讀期望值」，莫將期望值訂得太高，就不會覺得失望。何況，萬一到頭來，你覺得好像什麼也沒改變，至少你改變了自己，你採取行動了，對得起自己。

一、擬訂「班級讀書會實施計畫」

活動前擬訂計畫，不但供自己充分準備，萬一須要陳報學校相關單位，或向校外相關機構取得協助時，便有資料可詳細說明。

[範例]書香小學六年十班「班級讀書會」實施計畫

一、目的

1.培養學生閱讀優良課外讀物習慣

2.藉由讀書風氣，薰陶學生良好情操

3.指導學生如何正確閱讀書籍，訓練扎實閱讀能力

二、實施對象：本班全體學生

三、實施時間：於本班團體活動時間進行，每月一次

四、實施地點：本班教室、視聽教室（視活動內容而定）

五、實施方式

1.先由班導師帶領導讀

2.學生回家自行閱讀，並書寫「預讀單」

3.分組研討，詳論書中寫作技巧、作者旨意、閱讀心得

4.各組代表上臺發表簡單書評、教師解析

5.書寫閱讀記錄

6.延伸活動

六、選書方式：經由全班共同討論

七、購書方式：由經建股長負責收款，並請本班閱讀志工張媽媽協助聯絡購書

八、獎勵

1.凡預讀單、閱讀記錄及口頭發表表現優良之學生，給予獎勵卡

2.每月並由全班票選一位「最佳讀書人」，賦與其下次選書之權利

3.學期末再票選「博覽家、書評家」，由教師贈送好書一本

九、為配合本活動，事先知會學校設備組，同意本班團體活動時間可借用投影機；也請總務處同意本班影印必要資料

在此份計畫中，不但將實施步驟及內容詳細列出，如果需要學校配合的地方，也順便寫出，當有需要時，便無後顧之憂。

一份規畫詳盡的計畫書，會讓人覺得這是件組織化、進程化、整體化的有效率活動；對主辦者而言，同時也順便將整個活動全面的觀照一遍，知道如何進行。所以，就算不必陳報任何單位，有計畫供自己隨時對照進度，也是有益的。

接下來，便是取得家長的支持。

二、向家長說明「班級讀書會」成立之意義

一般家長，應該會大力支持這樣的活動。何況，受益人是孩子，教師只是額外付出。教師應視家長為「教育合夥人」，為自己添一雙翅膀，得到更多協助。所以，讓家長明瞭並認同這樣的活動十分重要。不妨利用下列方式來和家長溝通。

（一）於「親師座談會」時說明

當面公開說明，往往是最有效方式。學期開始時，學校會舉辦親師座談會，利用此機會詳加說明，順便招募協助義工。說明重點如下：

1.我為什麼要推展這項活動（提升語文能力、改變學生氣質……），並徵詢家長意見。

2.我可能會遇到什麼困難。如：如何購書或取得共讀的讀本、文本（順便徵求幫手）。

3.我希望達成的具體目標。如：一學期至少精讀三本書。

親師座談會後，老師應該能大概掌握班上家長的配合意願。建議您，為了增加家長的配合度，一開始，不妨選擇與課程相關的書。例如：社會課正好上到「歷史」，就可以挑相同時代的歷史故事書共讀。

（二）寫封信或意見調查表給家長

對於因事未能參加親師座談會的家長，可以寫封信函或意見調查表給他們，取得認同。

敬愛的家長、我的教育夥伴：

很高興有機會和您的孩子共度人生中最純眞的時刻。我是個喜愛讀書的人，我相信多讀好書，是增長智慧的不二法門。但是，我也觀察到，現在許多孩子，太沉溺於3C產品或影視娛樂，對課外優良讀物，反而不耐煩閱讀。

這眞令人擔憂，我深怕如此下去，孩子將不懂得深刻思考、無法做邏輯判斷。所以，我想在本班成立「班級讀書會」，親自帶領孩子深入的、精緻的讀好書。我認爲在知識爆炸的時代裡，只讀教科書是不夠的；何況如今連國家考試，都廣泛多元的學生評量課外閱讀能力。因此希望您能同意我的做法。

但願您覺得，一本書的價格，比去吃一頓昂貴的西餐值得，也比買雙名牌球鞋值得。好書，有時令我們終身受益，它的身價，又何止這筆書款呢？

我將於下月起開始進行，也已經取得學校同意。以下，是一份簡單的意見調查表，請您填寫，以供參考。歡迎您提出寶貴意見，更期盼您也是個愛書人，多陪孩子看書。如果您願意在晨讀時間或午休時間，到本班來擔任「閱讀志工」，講故事、朗讀書本、帶領閱讀活動等，更會讓我大爲雀躍。

今天我們多爲孩子盡一分心，明日孩子回報我們的，絕對物超所值。謝謝您的合作，如有疑問，請與我聯絡。

您的最佳夥伴　王淑芬敬上

書香小學六年十班「班級讀書會」家長意見調查表	
您希望本學期讓孩子閱讀哪一類書籍 □文學 □科學 □史地 □藝術 □其他（請填寫）	
如果要購書，您希望 □家長自己買 □全班統一訂購 □因故無法購買	
您的孩子，平時在家會主動看課外書嗎 □會 □不會 □家長提醒才會看	
您比較希望孩子因為看書而（可複選） □作文能力進步 □懂得思考 □增廣學識 □改變氣質 □改善人際關係 □妥善運用時間 □其他	
您可以擔任本班的「閱讀志工」嗎 □可以，時間是： 我願意：□朗讀書、講故事 □代購書 □指導閱讀、帶領活動 □其他 □因故無法擔任	
謝謝您抽空填寫，並請孩子帶回學校繳交	
級任導師 王淑芬 敬上	
家長簽名：	手機或信箱：

三、家長想促成教師成立「班級讀書會」

我必須強調，任何一件美事，如果有一方覺得勉強、壓迫，就難以達成效果。每位老師，都有他自己的專長及興趣。有的人擅長樂器，會在班上成立小型樂團；有的人會精巧手工，學生便也習得不少技藝。如果，教師沒有在班上推動讀書會，並不代表他不是好老師。也許，他在語文課時，已經融入課程隨機教學。

我也想說：如果家長非常想讓孩子，經由團體閱讀書，獲得更大樂趣，坊間其實也有這樣的課程；此外，有些社區、公立圖書館也會舉辦，請多注意這樣的資訊（一般書店、圖書館、報紙上會有活動告示）。

也有熱心的媽媽，集合同一棟樓或附近鄰居小孩，定期在家中舉辦這樣的溫馨活動。我家附近的小公園裡，便有一個年輕媽媽，固定在某日下午，攜帶圖畫書來讀給公園的小朋友聽。

也許，你可以主動向老師要求，利用晨間活動時間，到班級為孩子說故事，做簡單導讀。甚至設計活動，搭配課程，和老師一起合作，進行讀書會的延伸活動或暖身活動。再視適當時機，探詢老師是否有此意願，並大力承諾一定協助老師進行。

家長、教師都是「教育公司」負責人，唯有同心企畫、目標一致、緊密連結，「公司業務」才能蒸蒸日上。

四、和學生討論班級讀書會之益

教學強調「引起動機」。讓學生覺得：這是一件他們期待已久，而且是共同參與策畫的、有趣的活動，比直接下指令要來得有用。因此，可以利用班會時，先告知教師的理念，再取得全班的共識，繼而展開。

下面介紹幾個可以引發閱讀熱情的「熱身活動」。

（一）六六討論法

將全班分成六組，給六個題目，請大家腦力激盪，討論答案。討論完畢，推派代表上臺報告。藉以激發閱讀、討論之興趣。

問題一：
閱讀可以使我們……（接一句最簡短有力的詞）

問題二：
人不閱讀，會……（接一句最簡短有力的詞）

問題三：
如果世界上沒有書，會如何

問題四：
閱讀是一件（　）的事（使用三個形容詞）

問題五：
好的書，應該像……（用一個比喻，並加說明，如：蛋糕，美味營養）

問題六：
如果到外太空，只能帶一本書，你們這組會帶哪一本

（問題六可換成不同情境，如：旅遊、逃難、被囚禁時）

（二）吊胃口法

利用班會或適當時間，選一本有趣的課外書籍，念給學生聽。當故事進行到高潮時，模仿《天方夜譚》裡的史荷娜蕾王妃，就此打住。並告訴學生：「因為時間有限，不能繼續讀。你們想不想有一段時間，全班一起來看這本書？」藉此刺激學生閱讀動機。

（三）提升參與感

詳細告知學生，關於班級讀書會的實際進行內容。問學生利用什麼時間進行比較好。團體活動？語文課？課外時間？讓他們覺得有參與感，是行動的一份子。

（四）「童年愛書回憶錄」採訪

先講述教師自己小時候有關閱讀的美好經驗，然後請學生回家後，向父母採訪，問他們小時候最喜愛、難忘的課外書是哪一本？把書香氣氛炒起來，讓學生有熱烈期待。

[範例]

「童年愛書回憶錄」訪談單
受訪人：　　　　（　歲）　採訪記者：　　　　（　歲）
採訪時間：　年　月　日
採訪地點：
以下為訪談內容
一、請問你童年在哪裡長大？
答：
二、你童年時最喜愛的一本課外書是什麼？
答：
三、為什麼？
答：
四、你記得這本書是誰買給妳的？
答：
五、你記得是幾歲時看的嗎？
答：
六、你願意送給我一句跟讀書有關的話嗎？
答：
七、謝謝您接受我的訪問。
採訪記者心得

訪談實例

「童年愛書回憶錄」訪談單
受訪人：王若蘭（37歲） 採訪記者：張小莉（10歲）
採訪時間： 2017 年 7 月 23 日
採訪地點：家中客廳的沙發椅上
以下為訪談內容
一、請問你童年在哪裡長大？
答：在臺灣的臺南，有很多芒果樹喔。
二、你童年時最喜愛的一本課外書是什麼？
答：很多耶，不過我最愛的應該是《基督山恩仇記》。
三、為什麼？
答：因為看到好人報仇成功，很痛快。
四、你記得這本書是誰買給妳的？
答：那時沒有太多錢買課外書，是跟同學借的。
五、你記得是幾歲時看的嗎？
答：不記得了。拜託別問我跟年齡有關的問題。
六、你願意送給我一句跟讀書有關的話嗎？
答：好書是永遠的美容聖品。
七、謝謝您接受我的訪問。
採訪記者心得：原來媽媽小時候也愛看書，而且看的是經典名著，不可以小看媽媽！

（五）在班上設置「班級書庫」

讓「書」成為教室布置重要的一員，布置書香環境潛移默化；買幾個組合式書櫃，或自己DIY，甚至只是將幾個堅固紙箱組合一下，美化成書箱，放在教室櫃子上都行。請學生各帶數本好書來與大家分享交流；再用班費購買一些（可建立孩子良好傳承觀念：將這些「公有書」一代代傳下去，傳給學弟妹）。裝飾美化書櫃，讓孩子喜愛它、重視它。同時，可以定期展示「新書介紹」或「老師強力推薦好書」、舉辦「借閱好書暢銷排行榜」「推薦作家主題展」等活動，藉以激發學生對書籍的關心。

五、平時可做的「引起閱讀興趣」活動

（一）常與學生分享老師自己正在讀的書

我常常帶著自己正在讀的、我覺得學生也會覺得有意思的書，在上課開始時向學生展示一下，時間不必長，只花一分鐘跟他們聊聊。我的目的不是要學生來讀我手中這本書，而是藉著此舉，告訴孩子：老師自己也愛讀書、也常常需要不斷的讀、充實自己；世界上有太多書，連老師這麼老了，仍有許多有趣的書陪著我們長大、老去。

我見到國外有些學校圖書館，會舉辦有趣的展示，比如在圖書館門口，貼上老師手裡拿著書的照片，並在底下寫著說明：「這陣子，老師正在讀這本書。」這樣的有趣展覽，各班學生都歡喜開心的奔相走告，前來欣賞，也會回家後說給家人聽。相同活動，改成「老師小時候最愛讀的故事書」也很有吸引力。

（二）愉悅的聊聊書話題

我也常與學生聊聊有趣的書話題，以滋養學生對書的情感。我在閱讀報刊雜誌或在別的書上，得知與書相關的有趣訊息時，便立刻存檔。在適當時機，比如上課利用三分鐘時間聊一下，這些點點滴滴，會彙集成為影響學生的大力量。

比如：我在幾年前看到有則新聞：國際間的愛書人有個自發活動「Little Free Library」（小小圖書館），鼓勵大家在自家附近或任何適合且合法的地點，為鄰人架設一座小小圖書館，可以像座電話亭般，或甚至只是在家門口架個像信箱般的木頭箱子，放進幾本書，鼓勵大家拿去讀，也將自己已不讀的好書再放進來。促進書籍的流通，亦提升這個地區的文化質感。想想如果一座城市，走幾步就看到書，那該多美。只要你有架設，便可將地點與照片上傳到官網：https：//littlefreelibrary.org/。臺灣新北市的新店，也有一座小小圖書館呢。

這個網站上還可見到許多與閱讀相關訊息與活動。這是一個集合全球愛書人的力量，為改變自己、改變社會所做的努力；我把這樣的書話題，說給我的學生聽，學生立刻說：「我們也可以在學校架設一個！」那一天，全班都精神奮發的在討論從可從家裡帶哪幾本書，貢獻給小小圖書館。雖然後來並沒有真的在學校架設，但這個話題，一定可以鼓舞孩子們對書的好感。

以下是幾個可以跟學生聊聊的「書話題」：

1.你知道世界上最暢銷的書是哪一本嗎？第二名又是哪一本？

2.世界上最貴的書是哪一本？

3.國外有研發出「書香香水」，還分為「古書味」「新書味」，猜想一下那會是什麼氣味，誰會買？

4.你知道有些著名作家，一輩子只出版一本書嗎？比如美國的瑪格麗特・米契爾寫的《飄》。

5.日本東京有家書店，每週只賣一本書。如果是你只賣一本書，你會選哪一本？

6.如果流落荒島，只能帶一本書，你會帶哪一本？

六、了解各類閱讀理解策略

所謂「閱讀理解策略」，指的是以有效的教學帶領，藉著閱讀過程中，讓學生習得的各種能力。將來便可用此能力，自己讀更多、想更多、得到更多。

閱讀策略很多，必須針對學生年齡與先備經驗，適度應用。本書會將各種策略，融入各階段教學應用，因此不另立章節詳論。在此先分別簡介幾種適合小學階段的閱讀理解策略：預測策略、摘要策略（文章大意）、推論策略、自我提問、理解監控，關於這些策略的更詳細資料，可參考教育部課文本位網站http：//tbb.nknu.edu.tw/。這些策略可全班共同討論，也可視需要兩兩討論、小組討論、個別作答。

（一）預測策略

策略	重點	教學內容
預測策略	1.根據已知的知識（圖、標題、文、先備知識）推測文章再來可能的發展 2.有根有據的提出假設 3.一種主動的閱讀歷程 4.持續的、動態的建構歷程 5.預測不是天馬行空的發想（不是隨便亂想） 6.閱讀一部分→產生想法→繼續閱讀→修正或保留想法（可隨時回到上階段「繼續閱讀」，重複此步驟）	1.序言猜、圖片猜 2.書/篇名猜 3.小段猜：截取文中一段對話或情節來猜測，請見下例： 4.這篇文章的作者可能在講什麼 (1)主角會有什麼心情 (2)再來你猜會發生什麼事 (3)主角的心裡會怎麼想 (4)主角可能會做什麼事 5.預測後須加驗證 (1)結果跟你想的一樣嗎 (2)主角的心情、想法、行為和你想的一樣嗎

小段猜舉例：〈兒童樂園〉作者／王淑芬

王小明在五十歲生日那天，收到一份特別的禮物。禮物裝在一個小信封裡，是一張「兒童樂園」的門票。

預測：1.門票是誰送的

2.王小明會去嗎

（二）摘要策略

策略	重點	教學內容
摘要策略 （文章大意）	寫出文本濃縮重點	1.重述故事重點（低年級） 2.將畫線重點或圈選詞句，刪除→歸納→找出主題句（中年級） 3.以文章結構寫大意或畫結構圖（高年級）

各年級教學重點與教學方法參考

低年級	問：主角是誰？他怎麼了？然後呢？接下來呢？故事的結果是什麼
中年級	1.能抓出文章的重要訊息，經過統整濃縮後，形成一段能代表文章主旨的簡要陳述 2.可透過刪除、歸納、找主題句三步驟，幫助找出文章的重要訊息。三年級可能無法一下子就抓出重點，可從刪去「不重要」的開始（但較長篇還是得練習畫線、找關鍵詞句） 3.好的大意，必須「包含所有的重要訊息、沒有任何不重要的訊息、精簡、文字通順」 4.可搭配畫簡單的結構圖
高年級	根據文章結構來寫大意（必須比中年級更完整精確），可搭配畫結構圖： 1.根據標題及概略的閱讀，讀出段落與段落間的關係，判斷文章結構 2.利用文章結構，以「刪除/歸納/主題句」步驟，進行段落摘要

高年級	3.抽取出文章主要概念，寫成文章大意 4.如果是故事體，高年級應該強調事件與事件間的接續，以及變化發展的原因。所以是一連串的原因、經過、結果的整合 步驟 (1)畫出重點句子 (2)重點句整理在表格中 (3)化繁為簡 (4)根據摘述，決定6w先後順序，寫出段落大意 5.適用文體：記敘文/說明文/議論文

（注）教科書中的課文或一般短文，較常見的文章結構有

◆順承結構：主題描述、序列（操作程序、時間順序、事件發展順序）

◆總分結構（說明文常見的結構）：分總、總分、總分總（因果、問題解決、比較或對照、列舉）

◆並列結構：常用「列舉」

（三）推論策略

策略	重點	教學內容
推論策略	深度理解與剖析文本	1.找連結線索 2.找因果關係 3.找支持理由 4.找不同觀點

以下簡述各教學法

1.找連結線索	教學生看懂與注意連結的線索，包括 ◆指示代名詞（低年級：如：他、它、牠、他們……） ◆轉折詞（三年級：如：卻、但是、可是……）
2.找因果關係	◆單因單果，如：因為……所以 ◆單因多果，如：成立讀書會，是為了增長能力、凝聚班級向心力 ◆多因單果，如：因為愛上王子又有法術可改變身體，美人魚決定上陸地找王子
3.找支持理由 （以證明觀點）	◆從作者的觀點去找 作者在文中所提出的觀點，讀者能在文本中找到支持的理由和證據 ◆從讀者的觀點去找 讀者從文本內容提出某些想法或觀點（如：主角是個善良的人），且此想法或觀點必須能從文中找到支持理由（如他會照顧流浪狗） 例：《哈利波特》書中，妙麗與哈利波特的關係如何？《西遊記》中，如果要你形容，你覺得四位主角的特色是什麼
4.找不同觀點 （以便統整比較）	當文章對某一事物有不同的觀點時，學生要能夠先整理出特定觀點，再全文比較觀點間的不同之處 ◆單一觀點的文章帶有提示：如：文中先假設一個觀點，再提出另一觀點反駁 ◆單一觀點的文章找反證：如：文中舉幾種反證，來支持一個觀點 ◆兩個觀點的文章：如：同一件事，文中有兩種或兩種以上不同的觀點

（四）自我提問

策略	重點	教學內容
自我提問	練習自己閱讀文本之後，得出文本的明說與隱喻重點	可用於兩兩、小組討論或自我問答。1.六何法2.有層次的提問3.試問作者

以下簡述各教學法

1.六何法 （6W，各年級皆可）	以少年小說《愛德華的神奇旅行》為例 ⑴誰是主角、他遇到哪些關鍵角色（who） ⑵為什麼主角會浪跡天涯（why） ⑶整本書的時間拉開多長，從何時開始與結束（when） ⑷發生的幾處重要地點（where） ⑸主角的神奇旅行，神奇之處在哪裡，發生什麼事（what） ⑹讓主角心境大轉變的原因為何（how）
2.有層次的提問 （四年級以上） 重點在循序、層次	⑴答案很明顯的（書中有寫的） ◆書中的人事時地物 ◆開場與結尾對照（出乎意外或不出所料） ◆書寫手法（採何種觀點、有無象徵、特殊寫法） ⑵必須推論的 ◆書中為什麼出現衝突 ◆主角的性格 ⑶心得感想的（要評論） ◆讓人印象深刻的角色 ◆解決衝突方法好不好

3.試問作者 （六年級）	閱讀的歷程中，當讀到的訊息與預期有差異，或自己有一些想法與疑問，可以提出來詢問作者，或與作者對談，來澄清想法。當然如果有機會當面親自問作者最好，但通常鼓勵學生自問自答，只要能說出有道理的想法即可 以王淑芬少年小說《我是白痴》為例 ◆讀到的訊息是：這本書是為了支援弱勢，為弱勢者發聲 ◆自己的疑問：既然如此，為什麼作家要安排一個弱勢者來幫助弱勢者

（五）理解監控

策略	重點	教學內容
理解監控	⑴自我評估與策略運用 ⑵覺察自己閱讀的歷程，知道自己閱讀的目的，以及如何有效的達到閱讀的目的 ⑶其歷程包括：設定目標、選擇策略、檢核目標和釐清文義混淆 ⑷是一種後設認知技巧。其實閱讀時，如果是熟練的讀者，必定於整個閱讀期間隨時都在理解監控，才有辦法往下讀	⑴三年級以上 ⑵可搭配「自我提問」或「閱讀學習單」進行 ⑶自我評估：讀者能一邊讀，一邊檢查自己有沒有讀懂，如果沒有讀懂的話，困難是在哪裡（是在於字、詞、或句子？） ⑷策略運用：讀者覺察到自己沒有讀懂，也知道困難在哪裡 ⑸接著便必須改變方法，採取合適的方法解決困難，並且能夠評估方法的優缺點，以增進自己的閱讀理解 ⑹隨時補救

理解監控簡要教學重點及方法

適合文體	記敘文、說明文
中、高年級重點	⑴中年級：讀完一段文章後，能知道自己懂不懂；且能指出不懂的地方在哪裡 ⑵高年級：能採取適當的方法來處理不懂的地方
高年級可用的方法	⑴可採取適當的方法來補救，如：重讀、圈關鍵詞語、從上下文重新好好推測詞義、畫重點、做摘要、補充背景知識……等
教學程序	⑴老師可先示範，之後讓學生自己練習 ⑵老師帶學生閱讀文章，每讀完一段便練習評估自己的理解程度： ①討論哪些地方不懂，並圈出不懂的地方 ②老師引導學生思考可以使用哪些方法幫助自己理解（重讀、查字典、查相關工具書、、從上下文推測、從舊經驗猜測等） ③重新評估理解程度，以及所使用的方法對文章的理解是否有幫助

別懷疑，教師的力量是很大的，一個原本不愛看書的孩子，或是家庭環境沒有一絲書香味的孩子，皆能透過教師有效的引導，改變對書的看法。而家長的力量就更不用說了，有「先知」性格的家長，甚至在胎兒時期，就開始大聲讀書給肚裡的寶寶聽。只要有心，孩子

絕對能在家庭的閱讀氣氛中，薰陶出愛書人氣質。

現在，就點燃教師、家長們的仙女棒，讓閱讀的燦爛火花照亮孩子們的雙眼。

閱讀名言

- 十七世紀英國哲學家洛克說：閱讀只爲我們的頭腦提供認識的材料；但唯有思考後，才能使閱讀的東西成爲我們自己的。
- 十八世紀德國作家歌德說：經驗豐富的人讀書時，會用到兩隻眼睛，一隻眼睛看到紙面上的話，另一隻眼睛看到紙的背面。

參

如何選書與購書

一、選書的標準

走進書店抬頭一望，高高書櫃直達天際般的排滿書。走了兩圈還是很難決定，究竟該選哪一本作為「班級讀書會」的閱讀書籍。尤其是作為「開幕典禮」的第一本。

首先，請務必對全班學生的「閱讀背景」有初步了解。一個六年級的學生，如果在這之前，看課外書的經驗是零，那麼，一下子要他讀厚重經典名著，也許令他卻步。因此，老師最好掌握全班過去的閱讀經驗，再根據此「起點行為」來選書。如果全班有一半以上的學生閱讀經驗少，就先選圖畫書或文字較少的橋梁書、有故事情節的書開始共讀。第一本能引起學生興趣，才可能有第二本、第三本……

如果你讀過加州大學語言教育教授Stephen D.Krashen博士所寫的《The power of reading閱讀的力量》，一定知道他提倡的是FVR，Free Voluntary Reading自由自主的閱讀；指的是在沒有壓力、脅迫、外在誘因的情況下，讓孩子選擇自己想讀的東西，因此他主張不論是閱讀圖文小說、青少年羅曼史、運動報導或文藝作品，對增進語言的發展都同樣重要。

當然並不是為了討好孩子，故意挑選學童喜愛之嘻笑怒罵休閒書。但FVR基本概念是，不要一開始就工具化、效能力的帶閱讀；先激發閱讀興趣，內化為習慣，之後再導讀就容易多了，而且才能持久不輟。

所以我建議，選書基本條件除了適齡外，第一本最好是貼合孩子生活的、有趣的（但又並非那種通俗喜劇笑鬧的，會一下子將閱讀品味拉低）。為什麼許多校園故事能虜獲孩子的眼光，便是因為符合孩童生活經驗。

教師自己最好先將選書讀一遍，找出書中可能逗孩子笑的地方，做個記號。算算看，從頭到尾，總共能引爆幾次「笑」果。然後，找機會念一段給孩子聽，聲音

表情得豐富些、誇張些、慢一些，當念到最有趣的地方，速度更慢，加點肢體動作，等著孩子的笑聲。

闔上書，停住。告訴孩子，這只是書中引人發笑的第一個段落，還有第二個、第三個、第四個，得自己去看。

目前的童書，若依內容功能，大約可分成四大類：

知識性	旨在增進孩子對於外在世界的認知
心理成長	在故事中發展自我、人際關係、世界觀
文學性	具美學與文學價值，讓孩子懂得浪漫溫柔哲學
趣味性	純粹講究閱讀之樂趣

但許多書其實內容是重疊的。比如《好餓的毛毛蟲》便兼具知識與成長。

（一）選擇開始共讀的好書標準

形式	內涵
1.書的尺寸大小合於孩子捧讀 2.紙張不反光，以免眼睛不舒服 3.紙質的觸感舒服 4.裝訂牢固 5.容易翻頁 6.使用之色彩圖案不俗豔 7.字體大小適中 8.每頁字數不過於密集 9.每行之間不過於擁擠 10.字體清晰	1.適合孩童心理與認知發展程度（適齡） 2.是正向的、富陽光的引導 3.不過於愁苦悲觀 4.文字不過於生澀艱硬 5.不能有錯別字及錯誤標點、錯誤訊息 6.如果附有參考資料，可延伸閱讀層面 7.插圖合宜，優雅 8.情節角色場景生動 9.詞彙流暢，宜於朗讀 10.具啟發涵義（創意、想像力、提升情操）

具體的形式需求，如印刷、美編、尺寸、紙張、頁數、語言、結構……等都是講究重點，不要給孩子粗鄙簡陋的書，讓他感受到書是藝術品。

可以這樣做：

1.拿起書，放在手上，感受它的重量及大小。（對孩子而言，會不會太重、太大、不好拿？）

2.翻幾頁看看（會不會反光、裝訂得好不好翻）。

3.摸摸書的內頁，觸感好不好（有的紙摸起來太粗糙，或太薄、脆弱，彷彿一翻動就破碎）。

4.看看字體大小、每頁印的文字會不會太滿太密集、每行之間的距離看起來舒不舒服。

5.喜不喜歡它的插圖（形狀及用色）。

6.翻開目次頁，看它的整體結構，是否富吸引力、情節完整。

7.看看序言，了解作者為什麼寫這本書。

8.念一小段看看（找書的開頭、中間、後面各一小段）；讀起來順不順暢、優不優雅。（特別注意翻譯改寫的書，我曾看過某名作家翻譯的書，卻譯得很生硬古怪）。

9.如果可能，找找相關資訊（書評或新書介紹），更深入了解此書的背景。

至於書中要不要附有注音，我覺得見仁見智。因為好的作者，在下筆寫作時，一定會考慮到這本書的讀者年齡層，所以選用的字彙通常不會超出讀者年齡太多，照理應是小讀者認得的。就算不認得，小讀者還可以問大人、查字典。不過，為了鼓勵低幼兒童自己也能提早獨立閱讀，加拼音亦有幫助。

若就人文功能而言，選擇優良讀物的幾個指標：

1.情緒紓解：消極的輕鬆一下，或積極的「化解負面情緒」都好。如果閱讀不好玩，如何吸引孩子？

2.價值澄清：人性衝突之思索，是非善惡之分辨，提供人生抉擇之練習機會。能培養正確價值觀的書，可助人評斷是非。

3.激發美感：溫柔之必要，浪漫之必要，現今人與人情感越來越粗糙，自我中心越來越明顯，反而不講感情、不講浪漫，人文要求不再是教養重點，很可惜。

4.幽默創意：有創意的人膽子大，富幽默的人度量大，想像其實比知識重要，才必兼乎趣而始化。

此外，選擇的文本，亦需考慮帶讀的時間長度、成員人數與思維運作程度等，都需考量。

（二）若依年級來分，選擇適讀的文類

年級	適合文類
低年級	圖畫書（繪本）兒歌 童詩童謠、童話、神話、生活故事 生活知識類
中年級	圖畫書、童詩 童話、神話、寓言、歷史故事、生活故事 傳記、短篇小說 散文、知識類小百科
高年級	詩歌 童話、神話、寓言、歷史故事、生活故事 傳記、小說 散文、科普叢書 兒童哲學、兒童戲劇

以上分類只是一般的概略分法，其實，還是得視實際書本內容才能決定適讀對象。例如，有些繪本是改寫大師的巨著，也適合高年級讀。

此外，如果平時能注意文化出版界的訊息，就會知

道每家出版社、每位作者的專長、專業領域；也可以作為選某類書的指標。

我還想提醒一個觀念：不是所有的書都值得買來讀，尤其是太廉價的。

因為，有一種出版社，的確只是把「書」當成牙膏、衛生紙般商品在販賣。這種出版社，不會花錢買版權、不肯培植優秀作家、沒有自己的出版理想。他們出版的書，一定只有那些老作品（就是不必再付作家版稅的書），可能找個人改寫一下、畫個插圖，然後以非常便宜的訂價出售。並非廉價書一定不值一讀，而是當有更好選擇，何苦耗費時間與精神在次級品上？

你應該翻翻版權頁，如果找不到作者、插圖者、主編等人的名字，就表示這本書可能未經過謹慎編寫。而這樣的出版品，更從來不曾出現在評選好書的書單上。人生有限，要讀就要讀好書，別選擇這種像擺在地攤上的書。

（三）選擇書種需兼顧縱、橫二個面向

縱面	橫面
循序漸進 ◆請注意這個「進」字：別永遠只是停留在某一個階段 ◆由簡單的、貼近學生經驗的讀物開始。進而加深文學層次、逐步提升學生閱讀品味 例如：從有趣的生活故事、成長故事開始，進而到文學經典名著或國際得獎作品	多元博覽 ◆不能只選讀某一種文類 ◆嘗試交替選讀 ◆先由較簡單的文體（如故事）開始，然後加進寓言、小說、詩歌甚至科普、哲學書

二、如何決定班級讀書會的選讀書單

（一）列出三至五本「候選書」

市面上的書實在太多了，通常選書的工作會交給有經驗大人（教師或家長）。目前已有一些單位在做「評選好書」的工作，可藉由專業推薦，列出一份參考書單。這些會定期公布好書的單位有：

1.國際級的童書獎

⑴圖畫書類：美國凱迪克獎、英國凱特格林威獎、義大利波隆納國際書展最佳童書獎、豐子愷華文圖畫書獎等。

⑵少年小說類：美國紐伯瑞獎、英國卡內基文學獎等。

⑶童書作家類：國際安徒生兒童文學獎、瑞典林格倫獎、英國兒童文學桂冠獎等。

2.臺灣各單位好書推薦

「金鼎獎」、「好書大家讀」、「文化部中小學生優良課外讀物」等。

除了從得獎書單中挑選，教師也可多閱讀報刊雜誌，或網路上閱讀相關訊息，平時便養成依主題分類記錄「優良好書」的書目習慣，以備用。從書單中，詳讀簡介、書評，加上自己的判斷，選出三至五本「候選」書單。

（二）老師介紹候選書，再由學生投票表決

步驟1：老師簡介這些書。包含：大意、風格、作者、得獎資料、出版日期等。

可念開頭第一段或老師挑選的某段給學生聽。如果有學生已看過此書，可請他發表閱讀印象。

步驟2：將「候選書」擺在教室，供學生下課時初步接觸。（可擺一天）

步驟3：學生舉手或投票表決。將候選書書名及得票數記在親師聯絡簿上，讓家長知道是全班學生的決定。也藉此在家庭多了聊書話題，營造家中書香氣氛。

在決定過程中，如果老師特別想推薦某一本優先閱讀，也許可以有些小小的「心機」。（當然，適不適合這樣做，老師請自行斟酌。）如：⑴特別強調此書的特色。⑵讀此書時，加強聲調（愉快的聲音表情）。⑶對學生說：「我自己最先看的是這一本。」

不過，最終還是要尊重孩子的決定。

（三）偶爾可以遊戲化的選書

例如有個有趣的選書遊戲「與書的盲目約會」

玩法：

1.老師將所有的三本書，以較厚的空白紙包起來，不讓學生看見裡面是哪本書。

2.在紙上寫著關於這本書三個優點，但不能提到書的直接訊息，如書名、作者名等。

3.放在教室某處，讓學生去觸摸與讀三個優點，引起好奇心。

4.學生表決根據他們的猜測，這次最想先讀哪一本。

因為無法知道究竟是哪一本，僅憑有限的訊息，來選出欲讀之書，所以像是「與書的盲目約會」。

至於一次只決定一本書單，或一次就將整學期或整學年要讀的書單決定好，可和學生討論。各有其優缺點。而究竟多久換一本書？也該視書的內容跟學生討論。如果一學期讀兩本，大概兩個月換一本新書。

三、如何購書

已經確定「班級讀書會」要讀哪一本書，接下來是買書的問題。

（一）對學生做「價值」教育

在黑板上列出「商品物價一覽表」

物品名稱	大約價格	使用期限	對我產生的效用
麥當勞七號餐		三十分鐘	（學生討論發表）
名牌球鞋		一年	
電玩軟體		三年	
（加上孩子較常購買之物）		三十分鐘	
一本好書		一輩子	

有時，經由這樣的討論，教育學生對「價值」的正

確觀念，可以使他們豁然開朗，不再覺得一本書二百元「很貴」。當然更希望能將這種觀念帶回家，與父母溝通。所謂「再忙也要讀書，再窮也要買書」，指的便是對孩子最有意義的「正確投資」，因閱讀培養出一輩子的自學能力，這才是把錢花在刀口上。

書已經很便宜了，買書時，還要斤斤計較能不能再便宜幾元，實在很令人嘆息。說真的，只要孩子每個月少喝幾瓶可樂，少吃幾包洋芋片，就足夠買一本終身受用的書了。

此外，如果能與同年級其他班級取得合作，不妨討論：同年級共買，但每班買不同的書，一段時間後整班交換。亦即：如果一本書是二百元，同年級有六班；一個學生交二百元，卻可以精讀六本書。至於看完的書，可歸給學生帶回，傳給弟妹或親戚；或者畢業時捐贈圖書館。

（二）調查家長的購買意願

本次「讀書會」經全班決定閱讀王淑芬著《一句話專賣店》，售價二百二十元 □自行購買　□請教師代購　□願意幫全班訂購　□不願購買

（三）至何處買書？

1.直接與出版社聯絡，如果直接訂購是否有團體優惠價？郵寄時間多久？

2.附近書店洽購，並詢問一次買多本是否打折？可請代訂。

3.問學校總務處，是否有認識書商可優惠價代購。

（四）商請某位家長代收書款

並將收據張貼於教室布告欄。請學生在當日的聯絡簿上，寫上「謝謝本班張媽媽幫大家收書款，以及買書、搬書。」

（五）萬一有家長不肯配合買書？

1.不要在孩子面前批評家長，可請他和同學一起看。

2.如果拒買的人多，可以兩人一組輪流看。

3.可影印最必讀的幾頁給沒有書的學生。

4.萬一全班肯買的人只有小貓兩三隻，不妨先至學校圖書室借閱足夠全班人手一本的書，從這本開始練習運作班級讀書會。

你可能會說，萬一我只能借到「壞書」，怎麼辦？其實，藉著共讀壞書（壞書的定義當然也因人而異，不適合學生或內容陋劣），讓全班共同討論它壞在哪裡？如何改進？也是一種學習。目的是在過程中，全班養成評鑑能力。不過，我們當然不希望只有壞書可讀。

讀書會的預讀與熱身活動

預讀指的是未正式讀文本之前，先提供學生一份「預讀單」，目的是讓他們能立刻抓到閱讀時的重點，比如預讀單中，如果出現很多跟書中人個性有關的題目，學生便知道讀的時候，要注意角色說什麼、做什麼、想什麼？

熱身活動指的是未正式閱讀與深度討論前，先帶一些具遊戲精神的小活動，激發孩子對文本的高度興趣，期待快點打開書讀它。

一、預讀單設計與操作重點

（一）預讀單使用的語言盡量口語化，不要太像功課。比如：書中最讓我想要認識的人。書中最讓我害怕的人。如果可以選擇，我想當書中誰的孩子？

（二）低年級可設計簡單題目，如：替書中情節繪圖，或說給爸媽聽、幫這本書評分（給幾顆星）。甚至設計成「親子預讀單」，請爸媽把題目念給孩子聽，再幫他寫下來。還要提醒爸媽，寫完後再複誦一遍給孩子聽，看有沒有與孩子原意相同。

（三）美化預讀單，讓它看起來十分有趣創意，不像制式規格的作業。

（四）發下預讀單後，要全體孩子先讀一遍，導讀人稍加說明：預讀單裡的題目，可能就是將來討論的重點。

（五）正式讀書會前一天，可將全班預讀單以透明資料袋裝入，用夾子夾起來，展示於教室或討論會場四周。請學生利用課餘時間，參觀別人的預讀單，找一找「英雄所見略同」的伙伴。比如「書中我最欣賞的人」這一題中，找找是否有人答案與你相同。

預讀單範例：

適合低年級使用的預讀單
我會讀一本書：　　　　　年　　班　　姓名：
我讀的這本書，書名是：
我是在　　年　　月　　日看這本書的
我知道寫這本書的人是（　　　　　）　□男生　□女生
我知道畫這本書的人是（　　　　　）　□男生　□女生
這本書，我最喜歡第（　　　）頁的文字 最喜歡第（　　　）頁的圖
我看得懂這本書嗎 □全部都懂　□有些不太懂　□全部都不懂
我讀了這本書以後，覺得（想打幾個 v 都可以） □好笑　□想哭　□變得更勇敢　□很害怕 □學了很多新字和新詞　□增加許多知識　□沒特別感覺 □其它（　　　　　　）
我覺得這本書可以得幾顆星星（幫它塗顏色，越多星星表示越棒） ☆ ☆ ☆ ☆ ☆ ☆ ☆
我會畫出故事裡我最喜歡的角色
我會把這個故事說給爸媽聽 爸媽簽名：（　　　　　　　　　　　　） 爸媽的評語：（　　　　　　　　　　　）

<table>
<tr><th colspan="2">適用於中年級的預讀單〈非故事類〉</th></tr>
<tr><td>我的預讀單：　　　年　　　班</td><td>姓名：</td></tr>
<tr><td colspan="2">閱讀本書日期：　年　月　日</td></tr>
<tr><td>書名：</td><td>出版日期：</td></tr>
<tr><td>作者（譯者）：</td><td>畫者：</td></tr>
<tr><td>出版社：</td><td>定價：</td></tr>
<tr><td colspan="2">這本書屬於
□散文　□詩歌　□史地　□科學　□報導
□繪本　□百科　□生活知識　□其他</td></tr>
<tr><td colspan="2">我給這本書打的分數（總分100分）
文字（　　　）分　圖畫（　　　）分</td></tr>
<tr><td colspan="2">讀完這本書，我知道一件新知識</td></tr>
<tr><td colspan="2">這本書有些地方我不太懂
第（　　　）頁</td></tr>
</table>

適用於中年級的預讀單〈故事類〉	
我的預讀單：　　年　　班	姓名：
閱讀本書日期：　年　月　日	
書名：	出版日期：
作者（譯者）：	繪圖：
我給這本書打的分數（總分100分） 文字（　　　）分　繪圖（　　　）分	
如果我要向人介紹這本書，我會說它是（　　　）的書 請試著用三個形容詞來描述：（　　　）、（　　　）、（　　　） 如：快樂、浪漫、恐怖等	
這本書有幾個句子很精采 第（　　　）頁	
這個故事發生時間是在（　　　）故事地點是在（　　　） （如果是故事集，請選你最喜愛的其中一篇來寫）	
最主要的角色有	
我最喜歡的角色是（　　　）最不喜歡（　　　）	
我覺得我自己的個性和故事裡的（　　　）很像 我認識一個人（　）跟故事裡的（　）很像，因為他們都（　）	
這個故事的大意為：開始時 發生的大事 結果	
對於故事的結局，我 □喜歡　□還可以　□不喜歡，因為（　　　　　　　　）	

<table>
<tr><th colspan="2">適用於高年級的學習單〈非故事類〉</th></tr>
<tr><td>我的預讀單：　　年　　班</td><td>姓名：</td></tr>
<tr><td colspan="2">閱讀本書日期：　年　月　日</td></tr>
<tr><td>書名：</td><td>出版日期：</td></tr>
<tr><td>作者（譯者）：</td><td>繪圖：</td></tr>
<tr><td>出版社：</td><td>定價：</td></tr>
<tr><td colspan="2">這本書屬於
□散文　□詩歌　□史地　□科學　□報導
□繪本　□百科　□生活知識　□其他</td></tr>
<tr><td colspan="2">我覺得本書文字優點：（　　　　）缺點：（　　　　）
圖畫優點：（　　　　）缺點：（　　　　）</td></tr>
<tr><td colspan="2">這本書讓我得到的新知識是</td></tr>
<tr><td colspan="2">這本書令我印象最深刻的是</td></tr>
</table>

適用於高年級的學習單〈故事類〉	
我的預讀單：　年　班	姓名：
閱讀本書日期：　年　月　日	
書名：	出版日期：
作者（譯者）：	繪圖：
我覺得這本書的文字優點：（　）缺點：（　） 圖畫優點：（　）缺點：（　）	
用三個形容詞來描述：（　）、（　）、（　） 如：快樂、浪漫、恐怖等	
我最喜歡的角色是（　）最不喜歡（　）	
我覺得我自己的個性和故事裡的（　）很像 我認識一個人（　）跟故事裡的（　）很像，因為他們都（　）	
這個故事的主題應該是 我認為作者寫這本書的目的是	
如果這個故事有味道，我覺得應該是 □酸　□甜　□苦　□辣　□鹹　□無味 理由是	
看完本書，我想對作者說	

二、有趣的讀書會熱身活動

（一）熱身活動1：讀封面

1.書名：奇不奇怪，有無玄機。

2.封面繪圖：找到什麼有意思的地方？

3.色彩：什麼色調為主，猜猜為什麼？

4.作者與繪者：熟悉嗎？哪國人？以前讀過他的書嗎？

5.封底有沒有簡要說出本書的主題？

（二）熱身活動2：超級情報員

1.請學生把書拿出來，仔細「調查」這本書的基本資料。如：國籍，ISBN（本國作者、外國作者？ISBN為國際標準書號，一書一號，共13位數，在書的版權頁或封底都有標示，像是書的身分證號碼）。

2.這本書幾歲？書的年齡（出版日期）。

3.價格（定價多少）。

4.體重（總共幾頁）。

5.職業（哪一類文體、類別）。

（三）熱身活動3：大預言家

請學生將序言及目錄讀一遍，然後猜猜看	這是一本關於（　　　　　）的書
老師帶領全班將書的第一章（或第一節）讀一遍，然後闔上書，請學生回答	1你覺得接下來會發生什麼事 2你覺得這是個（ ）的故事（恐怖、偵探、溫馨、冒險、愛情……） 3你猜，最後結局會是如何
如果是圖畫書，教師可以先將一頁頁的圖翻給學生看，不念文字	請學生看圖預測它的故事

（四）熱身活動4：大聲朗讀

大聲朗讀Read aloud適用於圖畫書或短文、文字較少的橋梁書（選一篇來讀）。教師示範如何流暢朗讀文本，也可以一邊朗讀，一邊讓學生跟著齊讀；或請語感好、聲音表情豐富的學生輪流朗讀。除了示範文本正確的斷句，也在語調中，呈現文中的情感。

讀書會如何導讀

當熱身活動結束後，請學生利用回家或課餘時間讀文本，讀完後並填寫預讀單。一般的書，大約自行閱讀二星期，如果是短篇橋梁書或圖畫書，也許只需要一堂課共讀或一日時間自行閱讀。

接著便須找一堂課來導讀文本。

一、誰來做導讀

讀書會中的導讀者Leader（或稱領讀者），就是在正式操作時，負責帶領全班如何讀出重點、討論的人，通常由教師擔任。但如果親師合作默契夠，偶爾邀請熱心又有經驗的家長亦可，時機成熟後，試著由中高年級學生自己來都行，老師在旁協助補充。不過，當然也可視情形略過此階段，直接讓孩子讀。

擔任導讀者，最重要的，當然是自己先「精熟閱讀」這本書。下列方法，是以「故事類」書籍做示範。

也可以依據此思考邏輯方向設計其他文類。

至於導讀的時間與地點，由於導讀需要一氣呵成，建議最好用一至二節課連續完成。低年級可以一節，中高年級則可能需要兩節。作文課、團體活動，或機動調課，連上兩節語文，彈性運用。

至於地點，除了教室、圖書室、視聽教室，甚至校園裡一處陰涼安靜的地方，都可以進行。最重要的是氣氛，別讓周圍嘈雜的環境影響讀書情緒。

二、導讀者的準備工作

想要導讀討論一本書，導讀者自己當然必須先整體了解文本，亦即先做文本分析，也可說是畫「結構圖」，將文字敘述內容轉變成「結構化的整體概念」。基本上，就是了解文本的What（主題）與How（寫作技巧）。

結構圖有許多種整理做法，簡單的、細節的皆可，直接套用免費版Xmind也行（心智圖製作軟體）。其目的在對文本有整體概念。所以它也有兩種運用的時機與目的。

用途1	進入正式讀書會活動前的分析，不論老師自己做，或讓學生（個人或全班一起討論）皆可，可彈性應用
用途2	讀書會討論之後，讓學生再一次回顧整理文本

以下介紹幾種結構圖模式，可自行調整應用。

（一）文本表格整理

表格分項的重點參考如下。

體裁	是故事體，還是散文、韻文……
主要角色	主角、配角、其他的關鍵角色，可做成圖表列出關係圖
背景	又分為「時間」與「空間」（環境）的背景
重要關鍵詞句	可畫線或圈出
寫作特色	文本採用何種寫作法，鎖定在「敘事、結構」與「文學語言」為主。比如全知寫法、第一人稱寫法；虛實交錯、順敘、倒敘……；走鄉土語言風格，還是充滿現代感……
段落	從自然段（作者原來的分段）中，歸納出意義段（比如前三段都是講同一件事，可合為一個意義段）

主題	除了大主題，又可分析為幾則深層意義
摘要	將文本大綱以圖表列出，可一目了然

範例1：〈快樂公司〉，摘自王淑芬著《妙點子故事集》

【文本】（編號標示為自然段）

1.「來來來，『快樂公司』新開幕大贈送，買一個快樂，再送你一個快樂。」一輛宣傳車穿梭在大街小巷，播送著令人興奮的好消息。原來，鎮上有家新的店鋪開幕了。

2.楊小小聽到這個廣告，眼睛一亮，趕緊跟著宣傳車，來到「快樂公司」門口，準備買快樂。楊小小覺得，全世界最好的東西就是快樂，今天開幕大贈送，他準備買一大箱，可以留著慢慢用。

3.「快樂公司」的老闆問楊小小：「『快樂』有很多種，你要買哪一樣？」

4.楊小小想了想，回答：「每一樣我都買一個。」當然，誰不想要啊？每一種快樂都是必需品。可是，楊小小

又不好意思的說：「不過，我才七歲，沒有錢。」

5. 快樂公司的老闆笑了笑：「沒關係，錢以後再付，先讓你快樂最重要。」他拿出一個特大號的箱子，遞給楊小小：「這是你要的快樂，趕快帶回家，可別弄丟了，慢慢享受你的快樂人生吧。」
6. 楊小小從此過著快樂幸福的日子。每天醒來，什麼事都不必做，媽媽會把飯菜端到嘴邊餵他；爸爸則買來各式各樣的玩具送他。老師還打電話來說：「上學太辛苦了，以後不要來。」只要楊小小覺得有一點不快樂，媽媽就會立刻著急的問：「你想要什麼，我去買。」爸爸也會緊張的說：「拜託拜託，請你一定要快樂。」
7. 楊小小的房間堆滿玩具、遊樂器；三天看一次電影，每個月出國旅行一次；想吃糖就有糖，想喝汽水就有汽水。有時他想念同學，全班就停課一天，來陪他玩；老師打扮成小丑逗他開心，還說：「這樣夠不夠？如果不夠，我打電話請校長也來陪你玩躲貓貓。」

楊小小說：「夠了夠了，校長不來我比較快樂。」

8.楊小小二十歲那一天，爸爸媽媽走到他床邊，說：「我們已經太老了，沒有辦法再讓你快樂，眞對不起。」爸爸媽媽抱在一起痛哭。

9.「難道我的快樂用完了？」楊小小不知道怎麼辦。如果快樂用光了，那可不妙。他只好回到快樂公司，想找老闆再買一些。可是，老闆對他說：「我已經把你的快樂全交給你了，連你爸爸媽媽的快樂、同學的快樂、老師的快樂也全都贈送給你啦。」老闆又說：「快樂一旦用完，就不能再補充，它不是咖啡，不能免費續杯。」

10.因此，楊小小二十歲以後，就沒有快樂可用了。他回家後想了幾天，向爸爸媽媽借了錢，打算再去「快樂公司」買快樂。人如果沒有快樂，怎麼過日子？沒想到一到公司門口，看見大門緊閉，敲了半天，也沒有人來開門。鄰居過來告訴他：「這家公司專門賣盜版的假貨，已經被命令停止營業了。」

11.楊小小愁眉苦臉，眞想回到七歲那一天。

〈快樂公司〉表格整理參考

文體	故事體
主要角色	楊小小、快樂公司老闆
背景	楊小小從七歲到二十歲以後
重要關鍵詞句，可畫線或圈出	◆「快樂」有很多種 ◆每一樣我都買一個 ◆先讓你快樂最重要 ◆沒有辦法再讓你快樂 ◆快樂用光了 ◆不能再補充 ◆專門賣盜版的假貨
寫作特色	第三人稱；順敘。寫作風格是：反諷
段落	自然段共11段 意義段可分為：1~5為第一意義段。6-7第二意義段 8第三意義段。9第四意義段。10-11第五意義段

文體	故事體	
主題	主題分析	深層意義
	◆真正的快樂是什麼 ◆快樂可不可以買到	◆不是都不做事，更不是把快樂建築在別人的痛苦上 ◆快樂不是金錢能買到的
摘要	開始：楊小小七歲買到快樂 發展：一路都很快樂 轉折（高潮或衝突）：二十歲時不再快樂 結果：已經無法再買到任何快樂	

範例2：可再簡化為四要點。

以王淑芬著《我是白痴》（親子天下出版）為例。

1.文類	寫實的小說
2.主題結構與敘事技法	十九個短篇，智能不足者為主角，採第一人稱敘寫
3.表層理解	透過家人（親子、手足）、同學、師生、社會人士對主角的對待，來訴說對主角的不平待遇
4.深層分析	◆為何選第一人稱 ◆為何採短篇 ◆為何弱勢主角的最佳協助者也是弱勢 ◆書寫本書須有的背景資料 ◆延伸：該如何為主角擬一份生活計畫

範例3：若文本重點在情節，可著重在事件本身的推展過程。

以洪汛濤著《神筆馬良》為例

開始	發展	衝突	結果
馬良得神筆，貪婪皇帝抓馬良，取神筆要畫金山	皇帝自己畫不成	皇帝要馬良畫	馬良假裝答應，妙計消滅壞心皇帝

（二）文本結構心智圖

心智圖Mind Map又稱腦圖。以條列或輻射形整理出文本各項元素的脈絡。目的在將全文條列脈絡化。如果是輻射形，在中心點寫出主元素（可能是書名、篇名、主角人名、事件名等），第一層輻射是與中心元素的第一層關係分析，接著再依此類推。可套用電腦免費版Xmind（心智圖製作軟體），或直接紙筆繪製。

範例1：以宋朝歐陽修〈賣油翁〉為例

【文本】

陳康肅公善射，當世無雙，公亦以此自矜。

嘗射於家圃，有賣油翁釋擔而立，睨之，久而不去，見其發矢十中八九，但微頷之。

康肅問曰：「汝亦知射乎？吾射不亦精乎？」翁曰：「無他，但手熟爾。」康肅忿然曰：

「爾安敢輕吾射！」翁曰：「以我酌油知之。」乃取一葫蘆置於地，以錢覆其口，徐以杓酌油瀝之，自錢孔入，而錢不溼。因曰：「我亦無他，惟手熟爾。」康肅笑而遣之。

（譯為白話文）

康肅公陳堯咨擅長射箭，舉世無雙，他也常憑此本領而自誇。

有一次，他在家中射箭場射箭，一旁有位賣油老翁放下擔子，站在那裡，斜著眼瞧他，久久未離開。只見陳堯咨十箭中了八九箭，然而老翁也只是微微點著頭。

陳堯咨於是問賣油翁：「難道你也懂射箭？我的箭法不是很高明嗎？」賣油老翁說：「這也沒什麼，只不

過是手法熟練罷了。」陳堯咨生氣的說：「你竟敢輕視我的射箭本領！」老翁答：「我可以用倒油之術來說明此理。」於是老翁取出一個葫蘆放在地上，並將一枚銅錢蓋在葫蘆口，慢慢的以油杓舀油注入葫蘆內，只見油從銅錢孔注入，銅錢卻完全沒沾到油。老翁說：「我也沒什麼，只不過是手法熟練罷了。」陳堯咨於是笑著讓老翁離開。

〈賣油翁〉文本結構心智圖

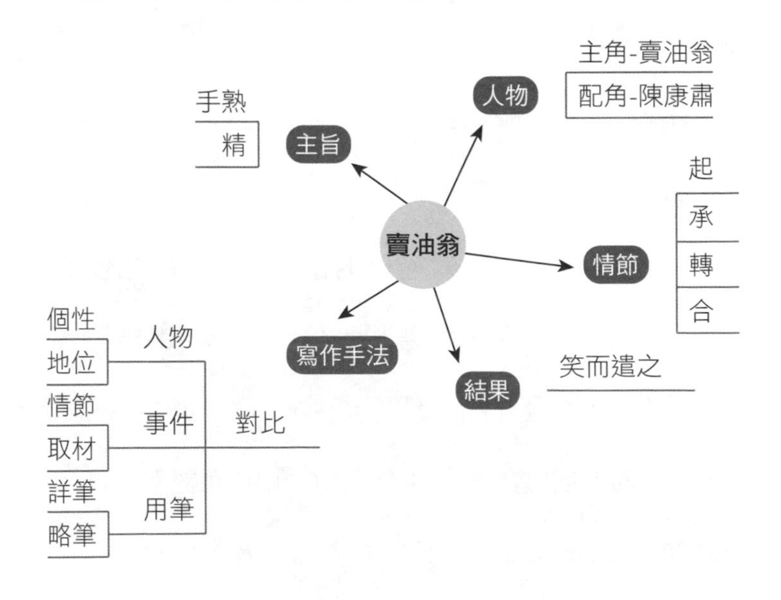

範例2：王淑芬著《地圖女孩‧鯨魚男孩》

以書中重要主角為中心，列出相關描述，最好可互相對照。比如都有列出家人、性格等。

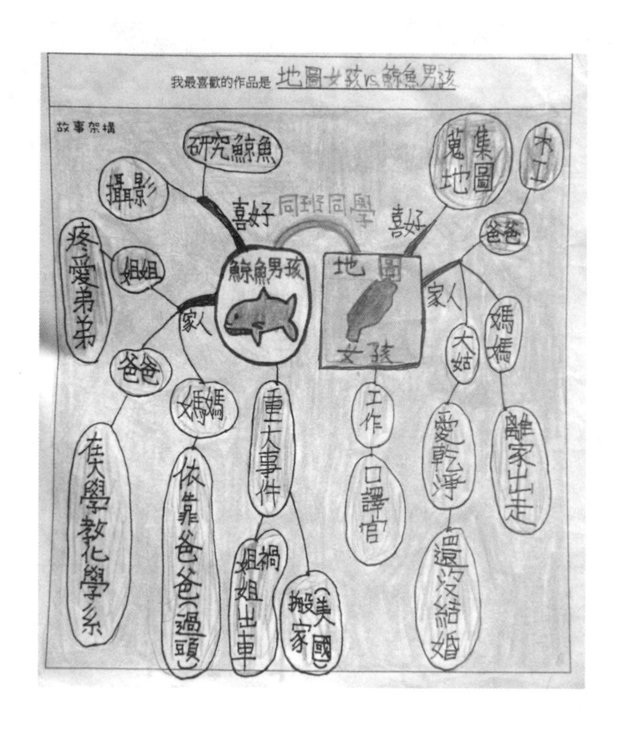

（三）6W法

如果故事有明顯且豐富情節，也可用6何法（或稱6W法）來簡單列出。

WHO何人	主要角色	WHERE何處	發生地點
WHEN何時	發生時間	HOW如何	衝突與解決或結尾
WHAT什麼	重要關鍵物與事件	WHY為何	事件的關鍵原因

以《西遊記》為例便是：

什麼人要取經（who），為什麼要取經（why），什麼時候去與回（when），到哪裡取經（where），中間遇到什麼事（what），解決問題的方式（how）。

以經典童話《國王的新衣》為例。

WHO	國王、兩位裁縫師、小孩
WHEN	古代
WHAT	裁縫師為國王製作新衣
WHERE	國王與大街
HOW	國王穿上根本不存在的新衣上街遊行，被小孩揭穿騙局
WHY	國王貪愛虛榮，眾人又太自負，不認為自己愚蠢。只有單純小孩看穿整件事是心理學大騙局

（四）文本造形圖表

偶爾，除了導讀者自己，也讓全班學生先讀過文本之後，練習以有造形圖表，製作簡單的文本分析。一來有趣味，二來也培養學生如何精簡邏輯能力。圖表可讓學生自己創意設計，也可老師設計簡單外形輪廓，再鼓勵學生畫出細節裝飾。

以《灰姑娘》為例，可搭配故事場景，設計成故事中的關鍵地點，宛如王子舉辦舞會城堡的圖樣，讓學生練習列出主題、作者、地點、事件經過等。

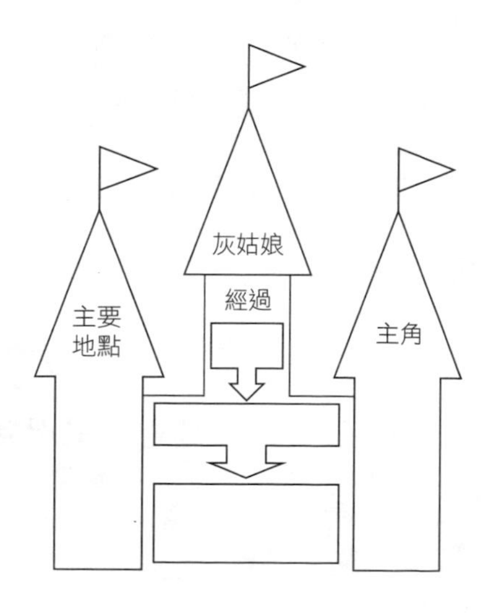

（五）故事梯

故事梯又稱情節梯，適用中、低年級；或教學時間不多時，能迅速對有情節的文類簡短整理。

針對中低年級的認知能力，通常只須學生能說出故事三元素與能練習重述故事重點即可。

故事 三元素	1.角色：故事裡的人物或動物…… 2.背景：故事發生的時間 地點 3.情節（事件）：角色遇到的問題與解決的方法，或故事最有趣的地方
練習重述 故事重點	1.開始：介紹角色和故事背景 2.經過 ◆問題：發生什麼事 ◆故事高潮：什麼讓主角無法達成目標？要如何解決問題呢 3.結果：解決的方法。故事結局

先根據上述教學或導讀重點，再以故事梯結構呈現，一來讓孩子覺得比制式表格有趣，二來也統整對故事情節的來龍去脈。完成故事梯之後，更可以讓學生自寫自畫一本小書，讓孩子圖文豐富的呈現閱讀理解。可照原故事寫，也可創新改寫。

故事梯圖表

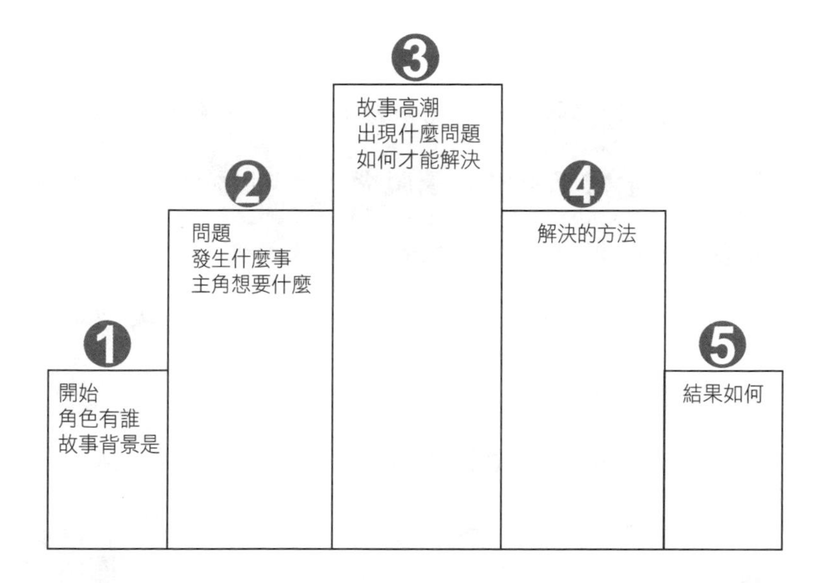

以〈不會噴火的龍〉為例。摘自王淑芬著《妙點子故事集》

【文本】

阿寶是一隻胖胖的龍，最喜歡游泳。但是，阿寶很不快樂，因爲，他的爸爸媽媽經常告訴他：「你是一隻純種高貴的噴火龍。記住，只能噴火，不能噴其他亂七八糟的東西。」

可是，他最愛泡在水裡，弄得全身溼淋淋的，這樣子，怎麼噴得出火來嘛。

每當家裡有客人來，媽媽就說：「阿寶，噴個火給貴賓瞧瞧。」阿寶乖乖的張開嘴巴，用力一噴，哇！噴出好多口水，媽媽氣得嘴巴都歪一邊啦。

爸爸決定送阿寶到「噴火小學」去練習，希望他能學得一身的好本事。

老師告訴阿寶：「多吃辣椒，就能噴出『火辣辣』的火。」同學說：「不可以碰水，要保持乾爽。」還有人說：「要多吹暖氣，讓身體變熱。」

但是，這些方法對阿寶都沒有效，他還是噴不出火來。最後，校長有了一個點子：「你應該生氣，氣得一肚子火，就可以噴出火來了。」

所以，全校的老師同學都想盡辦法，幫助阿寶生氣。

首先，校長替阿寶取了一個非常難聽的綽號，叫做「豬屁股」，希望阿寶聽了很生氣。接著，老師寫一張惡作劇的紙條：「我眞的是豬屁股」，偷偷貼在阿寶的屁股上。最後，同學還使出大絕招，在阿寶的臉上化小丑妝，並且拿蛋糕砸在他臉上。

阿寶眞的被氣壞了，果然，噴出一大把火來。可是，他也氣得哭了，眼淚又把火撲滅了。

爸爸媽媽知道了，好心疼，摟著阿寶說：「算了，算了，不噴火也好，不要哭。我們回家噴別的。」

阿寶聽到這句話，好開心喔，張開嘴巴，居然噴出一個特大號火球來。

角色	阿寶、阿寶爸媽、學校師生
背景	噴火小學
情節（事件）	小噴火龍阿寶到噴火小學學噴火→學校方法不成功→阿寶很生氣，反而氣到噴火，但又氣到流眼淚，將火熄滅了→爸媽安慰之後，阿寶才高興得噴出火球

〈不會噴火的龍〉故事梯

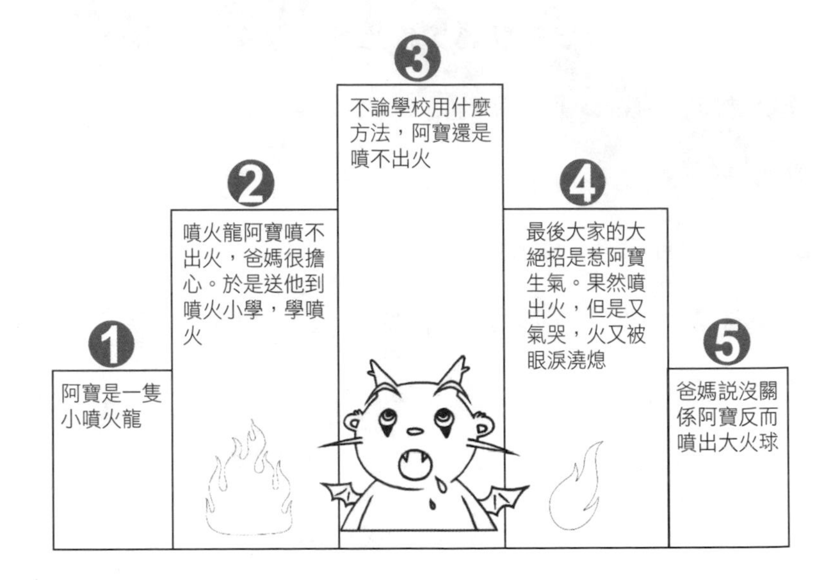

（六）范恩（Venn）圖

范恩圖又稱文氏圖、Venn圖，是英國數學家John Venn 約翰范恩所創的集合歸類方法。用於閱讀教學，主要是針對「歸納、比較」之用。

如果是二者比較，便以雙圓，三者則三圓（不一定畫成正圓）。二圓重疊之處，便是二者相同點。

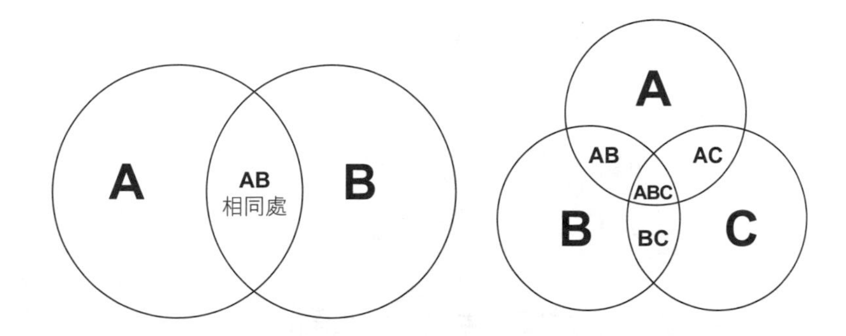

可以是書與書大方向的整理對照，也可用於小元素，比如兩篇文章、兩個人、三件事等，同一本書中的不同角色，如《三國演義》的諸葛亮與周瑜。因為圖形簡單，有簡報般易讀易懂功能。

以傳統童話長髮公主與《頑皮公主不出嫁》中的公主，兩位主角為例：

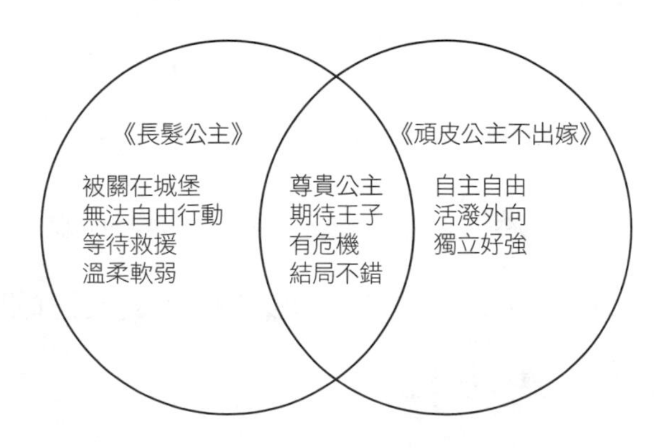

以圖表做文本整理，對學生而言較有趣，且清楚易懂。形式也不只有本書上述這幾種，例如還有像一條魚骨般的「魚骨圖」，適合文本內容較多支線者。

三、導讀文本的趣味操作活動

有了分析好的結構圖，老師或導讀人心中已經知道該如何抓到重點的閱讀文本。實際進行閱讀時，偶爾可視適當時機，玩些趣味的活動，增加學生興趣。

活動1：配音師：適用低年級故事類

⑴教師可先將故事錄音起來（念的時候要慢、有感情、隨故事情節多做聲音表情），或請小朋友念（輪流或全班一起），然後錄音下來，利用早自習或午休時間播放給小朋友聽。因為是老師或小朋友自己的聲音，會較有興趣聽，多聽幾次。

⑵正式導讀時，配合故事書，一邊放錄音帶，一面請學生對照翻頁。並且約定好，當聽到某個特定的詞時，就做一特定反應。比如：錄音帶念到「阿寶」時，就摸一下書（但不用每次都這樣，如果有時學生都能靜下心，不必做任何動作也行）。

⑶接龍說故事：請幾個小朋友上臺，用自己的話把這個故事以「接龍」方式說一遍，其他小朋友則幫他們配上動作。如：說到「噴火」時，就發出「吼」聲，並做噴火動作。

活動2：福爾摩「書」：適用於中高年級故事類

當學生皆讀完文本，教師可在黑板上畫，或張貼表格，請全班一起來詳細「偵察」此故事背景資料，帶領學生進入文本。除了下列參考表，也可以直接張貼在「導讀者的準備工作」階段，設計出結構圖，但只寫標題，內容再由全班一起討論填入。

以《西遊記》為例。

角色	簡要身世	性格	屬於此人的關鍵詞（重大事件或重要物品）
唐三藏			
孫悟空			
豬八戒			
沙悟淨			

有了此表，進行討論前，方能再度喚起全班對文本的整體記憶，進行中也可隨時對照。

讀書會如何討論

與孩子共讀某一本書本之前，通常要先做好以下基本準備：

1.知道書的主題與作者簡單背景。

2.試想作者為什麼寫、畫這本書。

3.這本書適合哪個年齡層的孩子？

4.這本書與其他類似主題相較，比較特別的地方是什麼（說故事的方法？插圖？裝幀？）。

5.這本書適不適合讀後立刻進行討論？或是先讓孩子醞釀一下，日後再找適當機會聊聊。

6.到底要跟孩子討論這本書的什麼？

7.這本書有沒有適合的延伸活動可以搭配，比如：書中有提出議題者，可開個小辯論會，讓不同意見者分別提出看法；書中有趣味、美學部分，可進行小手作，讓氣氛更凝聚。

如果我們將整個讀書會流程，再概化為簡表，「教師的閱讀教學準備」可以是：

時間	任務	怎麼做	理由
閱讀前	找類別	1.從各種線索中去預測： ◆書名、作者、文本（圖畫與故事）圖畫中的色彩、造形、構圖。故事中的主角、情節、背景 ◆書名猜、封面猜、小段猜（開頭或關鍵的某一段）等 2.設計預讀單等	讓大腦進入適當的思考模式 知識類、文學類；文字類、繪本類是不一樣的
閱讀時	找重點	1.切意義段 2.知道故事的重要元素（6W）、圖畫的重要元素（色彩、造形、構成、風格） 3.簡要的故事梯等	讀到作者的表演方式，對各種藝術的表現形式產生興趣，進而建立下一次的先備經驗
閱讀後	找意義	1.低年級：為什麼&如果 2.中年級以上 ◆4F討論法 ◆PIRLS討論法等	1.有層次的思考 2.從此知道有些文本的意義，是需要讀者自己發現，作家並沒有明講 3.連結閱讀在真實生活中的實用性

其中，「到底要跟孩子討論這本書的什麼？」自然是關鍵叩問，沒有思考的閱讀是空的；導讀者能問個好

問題，才對讀書會成員具有意義。這次問個好問題，下次孩子才會這樣思考。如何設計好的討論題，一直都是讀書會、或說所有的閱讀教學之核心。但是，我覺得很難用一組模式，來套用於所有的文本。所以，我會列出幾種我自己常用的模式，供大家參考。它們是參考方向，或許能提供各位教師設計時，依不同類型文本做選擇。

一、如何設計好問題

（一）PIRLS四層次提問設計

目前國際間有兩個較重要、針對學生閱讀能力的評量。一是針對小學四年級學生的PIRLS，另一個是針對十五歲學生的PISA。是由國際教育成就評鑑協會（International Association for the Evaluation of Educational Achievement，簡稱IEA）主導。

PIRLS（小學四年級）	PISA（十五歲）
檢測項目： 在閱讀歷程上是否已具備以下能力 1.直接提取 2.直接推論 3.詮釋、整合觀點和訊息 4.檢驗、評估內容、語言和文章的元素 可簡稱如下： 1.直接提取的能力 2.直接推論的能力 3.詮釋整合的能力 4.比較評估的能力	檢測項目： 閱讀歷程則應有 1.文本訊息的擷取與檢索 2.統整重點與解釋細節 3.省思與評鑑文本內容、形式與特色 可簡稱如下： 1.擷取檢索的能力 2.解釋的能力 3.統整的能力 4.評鑑省思的能力

本書以小學的班級讀書會設計為主，故不討論PISA，以PIRLS能力為主。雖說不一定依照國際某單一機構的思維來設計我們的教學，但可供參考，彈性應用。PIRLS全名為「促進國際閱讀素養研究」（Progress in International Reading Literacy Study，簡稱PIRLS）

如果根據PIRLS的四個層次，可以列出的問題參考如下：

1.直接提取的能力 是否能找出文中清楚寫出的訊息	(1)指出故事的背景：（人事時地物） (2)找出與閱讀目標有關的訊息：做什麼（事）、說什麼話 (3)找出特定的觀點 (4)搜尋字詞或句子的意義 (5)（當文章明顯陳述出來時）找到主題句或主旨
2.直接推論的能力 需要連結文中兩項以上的訊息，得到推論	(1)推論某一件事件導致另一事件（為什麼？理由是？） (2)在一連串的觀點後歸納出重點（如排序） (3)找出代名詞與主語的關係 (4)歸納文章的主旨（通常指：大意） (5)描述人物間的關係
3.詮釋整合的能力 需要提取自己已知的知識，連結文中未明顯表達的訊息	(1)清楚分辨出文章整體訊息或主題 (2)考慮文中人物可選擇的其他行動 (3)比較及對照文章訊息 (4)推測故事中的情緒或氣氛 (5)詮釋文中訊息在真實世界的適用性
4.比較評估的能力 檢視與評論文章內容語言脈絡	(1)評估文章所描述的事件其真實性 (2)描述作者如何想出讓人出乎意料的結局 (3)評斷文章中訊息的完整性 (4)找出作者的觀點（主旨、寫作意圖、特殊表達）

臺灣閱讀策略專家鄭圓鈴教授，依PISA設計出五個口訣，協助教師與學生能具體知道不同層次能力的意思與操作內涵。五口訣為：找一找、說出主要的、為什麼、想一想、你認為。改成與PIRLS搭配的話，亦可供參考：

<table>
<tr><th>口訣</th><th>意思與操作內涵</th><th>搭配PIRLS</th></tr>
<tr><td>找一找</td><td>文本中重要的、明確的、特別的訊息</td><td>直接提取</td></tr>
<tr><td>說出
主要的</td><td>訂題目、摘要、畫結構圖
（至少二到三層）</td><td>直接提取、直接推論、整合</td></tr>
<tr><td>為什麼</td><td>解釋因果、比較異同、排列順序、詮釋涵義</td><td rowspan="2">直接推論
詮釋整合</td></tr>
<tr><td>想一想</td><td>寫作技巧、寫作目的、隱藏寓意</td></tr>
<tr><td>你認為</td><td>使用證據、提出理由、支持看法</td><td>比較評估</td></tr>
</table>

範例1：王淑芬著〈快樂公司〉文本請參照本書前章。

1.直接提取	⑴在第五段中老闆把很多快樂都送給小小，請幫老闆擬一個贈送的清單
2.直接推論	⑵「楊小小覺得，全世界最好的東西就是快樂。」請從文中找證據舉證說明 ⑶根據本文故事的發展，請將下列訊息按照先後排列順序（見下表1）
3.詮釋整合	⑷請找出能證明快樂公司賣假快樂的證據並說明理由 ⑹想一想主角楊小小與別人的互動，圈選下列表格中事件的深層意涵。（見下表2） ⑺文末「楊小小真想回到七歲那一天。」請問楊小小內心真正的想法是什麼
4.比較評估	⑸想一想，你認為快樂可不可以買到 ⑻想一想，作者想透過這個故事告訴我們什麼 ⑼找出文章中不合理的地方

表1

	全班停課陪他玩	快樂公司賣盜版被勒令停業	爸爸媽媽抱在一起痛哭	宣傳車播送好消息
順序				

表2

	老師扮小丑逗他笑	全班停課陪他玩	爸媽服侍他
表層意涵	楊小小很快樂	楊小小很快樂	楊小小很快樂
深層意涵			

〈參考答案〉

(1)在第五段中，老闆把很多快樂都送給小小，請幫老闆擬一個贈送的清單。

答：不做事、媽媽餵飯、有玩具、遊樂器、不上學、看電影、想吃就吃、全班停課陪他玩、老師扮小丑逗他……

(2)「楊小小覺得，全世界最好的東西就是快樂。「請從文中找證據舉證說明。

答：第六、七段都在舉證說明。例如：不做事、媽媽餵飯、有玩具、遊樂器、不上學、看電影、想吃就吃、全班停課陪他玩、老師扮小丑逗他……

(3)依本文故事的發展，將下列訊息按照先後排列順序

	全班停課陪他玩	快樂公司賣盜版被勒令停業	爸爸媽媽抱在一起痛哭	宣傳車播送好消息
順序	2	4	3	1

⑷請找出能證明快樂公司賣假快樂的證據並說明理由。

證據	理由
老闆說：快樂一旦用完，就不能再補充	快樂用完是可以再補充的，只要再製造快樂即可

⑸想一想，你認為快樂可不可以買到？

答：我覺得真正的快樂不是金錢能買得到的，就像故事中的楊小小，買到的是假的快樂，不是真的。

⑹想一想主角楊小小與別人的互動，完成下列表格中事件的深層意涵

	老師扮小丑逗他笑	全班停課陪他玩	爸媽服侍他
表層意涵	楊小小很快樂	楊小小很快樂	楊小小很快樂
深層意涵	老師不快樂， 因為……	全班不快樂， 因為……	爸媽不快樂， 因為……

⑺文末「楊小小真想回到七歲那一天。「請問楊小小內心真正的想法是什麼？

答：他後悔得到這種不勞而獲的快樂。如果再回到七歲那一天，他不會再受誘惑。……

(8)想一想，作者想透過這個故事告訴我們什麼？

〈參考答案〉

①真正的快樂是什麼—不是都不做事，更不是把快樂建築在別人的痛苦上。

②快樂可不可以買到—真正的快樂不是用金錢可以買到的，是要自己創造。

③不能不勞而獲。

(9)找出文章中不合理的地方

〈參考答案〉

只有他買到快樂，為什麼其他人沒買？

範例2：歐陽修著〈賣油翁〉，白話文本請參閱本書前章。

陳康肅公善射，當世無雙，公亦以此自矜。

嘗射於家圃，有賣油翁釋擔而立，睨之，久而不去，見其發矢十中八九，但微頷之。

康肅問曰：「汝亦知射乎？吾射不亦精乎？」翁

曰：「無他，但手熟爾。」康肅忿然曰：

「爾安敢輕吾射！」翁曰：「以我酌油知之。」乃取一葫蘆置於地，以錢覆其口，徐以杓酌油瀝之，自錢孔入，而錢不溼。因曰：「我亦無他，惟手熟爾。」康肅笑而遣之。

1、文中出現兩次「無他，但手熟爾。」，是誰說的？

（直接提取）

（A）陳康肅

（B）家僕

（C）賣油翁

（D）路人

2、文中那句話是在描述技術高超？（直接提取）

（A）不亦精乎

（B）十中八九

（C）敢輕吾射

（D）釋擔而立

3、下列有關人物行為的說明，何者正確？（直接推論）

（A）從「公亦以此自矜」可知陳康肅待人很謙虛

（B）從「以我酌油知之」可知賣油翁身份很卑微

（C）從「油入錢孔而不溼」可知賣油翁瀝油技藝很高超

（D）從「睨之，久而不去」可知賣油翁射箭技術有一套

4、下列對於本文寫作特色的說明，何者正確？（詮釋整合）

（A）夾敘夾議，品評人物是非

（B）善用對話，表現人物性格

（C）敘事簡潔，寫人容貌畢現

（D）情節生動，寫景歷歷如繪

5、關於本文「對比襯托」之寫作技巧的說明，何者不正確？（詮釋整合）

（A）「事件」上，以射箭快速和瀝油的緩慢相映照

（B）「材料」上，以箭的堅硬和油的柔軟相映照

（C）「地位」上，以康肅的尊貴和賣油翁的年長相映照

（D）「個性」上，以康肅的急躁和賣油翁的沉著相映照

6、「笑而遣之「的笑是指康肅的何種心情？（直接推論）

（A）甘拜下風

（B）故弄玄虛

（C）笑裡藏刀

（D）裝瘋賣傻

7、下列有關人物言行細節的說明，何者正確？（直接推論）

（A）從「徐以杓酌油」的「徐」字，可看出賣油翁的沉穩自信

（B）從「爾安敢輕吾射」的「爾」字，可表現康肅對賣油翁的尊重

（C）從「但微頷之」的「微頷」二字，可表現賣油翁對康肅技術的讚嘆

（D）從「汝亦知射乎」的「知射」二字，可看出康肅認為賣油翁善於射箭

8、下列有關本文「用筆詳略」（描述得詳細或簡略）的說明，何者正確？（詮釋整合）

（A）觀射過程採略筆，用以製造緊張氣氛

（B）人物描摹採詳筆，用以凸顯人物個性

（C）酌油過程採詳筆，用以表現技高一籌

（D）答話內容採略筆，用以強調默契極佳

9、關於陳康肅的心情變化順序，下列敘述何者正確？（詮釋整合）

（A）憤怒→質疑→驕傲

（B）驕傲→憤怒→服氣

（C）質疑→輕蔑→驕傲

（D）憤怒→驕傲→服氣

10、請針對文中線索，比較陳康肅與賣油翁的性格，

並說明你對他們兩人性格優劣的評價。

（比較評估）

性格 人物	優點	缺點	我對此人的評價
陳康肅			
賣油翁			

〈答案〉

1（C），2（B），3（C），4（B），5（C），

6（A），7（A），8（C），9（B）

10參考答案：

人物＼性格	優點	缺點	我對此人的評價
陳康肅	知過能改 甘拜下風	驕傲自大 急躁易怒	（自行發揮）
賣油翁	沉著穩重 多做少言	不顧他人面子	（自行發揮）

範例3：以《哈利波特》為例的題目參考

1.直接提取	◆簡要列出哈利波特在魔法學院的學歷背景 ◆列出哈利波特最要好的三個朋友，各有何厲害的本領 ◆列出哈利波特的三個敵人，依法力高強排序
2.直接推論	◆依你的看法，將與哈利波特相關重要角色，列出人物關係圖 ◆如果要參加魁地奇球賽的話，需要什麼配備 ◆哈利波特在魔法學院最大收穫與最大損失
3.詮釋整合	◆根據本書故事情節，顯示哈利波特是個怎樣的人 ◆你覺得JK羅琳寫這本書，需要收集什麼資料
4.比較評估	◆JK羅琳為什麼要以哈利波特當主角來寫這本書，她要表達什麼意旨 ◆讀完這本書你有沒有學到什麼特殊想法 ◆《哈利波特》書中哪些觀點你不同意

（二）理統評三層法

理統評三層法指的是「理解、統整、評鑑與應用」。其實基本概念與PIRLS相同，都希望學生藉著閱讀文本，養成不只讀到字面寫的，也要自己深入多想一點，想出「雖沒有被寫出來、但作者要表達的」能力。若以《國王的新衣》《白雪公主》為例，題目如下。

項目	國王的新衣	白雪公主
理解： 文本有寫出來的	◆國王最大嗜好是什麼 ◆故事中有哪些人，被裁縫師騙了	◆請將白雪公主從小到大，遇到的貴人（幫助過她的人）依序列出 ◆白雪公主的繼母，以哪些方法想加害她？請依順序說出
統整： 文本中的整體歸納、與其他書、或與真實生活對照	◆故事中誰犯了錯？請依情節嚴重排列 ◆本文中的裁縫師與另一個故事《小木偶》都是說謊者，請問誰的謊比較嚴重	◆白雪公主的性格優缺點 ◆如果你是心理學家，請分析文本中白雪公主的爸爸：國王，他對兩任妻子的可能感情是什麼 ◆請比較白雪公主與灰姑娘兩人個性的異同

評鑑與應用：整體評估	◆故事中有沒有不合理的地方 ◆如果你是故事中那位說真話孩子的父母，你會對孩子說什麼	◆如果可以改寫《白雪公主》，你想改變哪個情節

再以王淑芬著《鯨魚女孩 地圖男孩》其中一段節錄為例：

【文本】

青春期是最美的吧！那時她是個瘋狂的「地圖女孩」，熱切蒐集各種地圖；她執拗的認為：地圖，能安全的帶她這隻兔子到任何地方。只是，地圖畢竟無法帶她到任何地方，連媽媽的去向都杳然。

中學時，媽媽離開家，跟一個喜愛哼歌的木匠師父走了。從此，爸爸在木製家具店更賣命工作，成天成夜將自己鎖進漫天木屑中，彷彿，自己也隨之懸空飄盪，不必落地成為具象的支柱。張晴看著爸爸佝僂身影，悄然無息的釘、削、刨、磨；一把雕花的椅子，或一張鏤

空的供桌，在爸爸手中靜默誕生。沒有媽媽，這個家，儘管鎮天響著電鋸聲，卻比任何地方都安靜。

那時，張晴與同班的戴立德走得近。也許，是老戴那雙安靜的眼，穿透近視鏡片，給她一種地圖般的安全感。老戴笑起來有一對無邪酒窩，靜靜聽她沒頭沒腦亂說話，最愛講什麼抹香鯨、藍鯨、殺人鯨。

這個鯨魚男孩，是她灰色青春期裡，淡淡的一抹海藍吧。

〈理統評三層法提問〉

1、文中使用哪些形容或描述，來描述張晴與老戴，請列表。（理解）

張晴	
老戴	

2、爸爸「成天成夜將自己鎖進漫天木屑中，彷彿自己也隨之懸空飄盪。」這句話代表什麼意涵？（理解）

A努力為生活奮鬥

B安靜穩定的生活

C生活缺乏具體目標

D生活枯燥乏味無改變

3、作者為什麼說「給她一種地圖般的安全感」，地圖為何能給人安全感？請說明。（統整）

4、為什麼張晴認為老戴是她「灰色青春期裡，淡淡的一抹海藍」，請試著描述老戴可能的個性？（統整）

5、整段文字中，你認為作者的哪一句形容詞最精確？理由是？（評鑑）

（三）4F提問法

4F指的是「Fact我讀到、Feeling我覺得、Finding我發現、Future我將來」，希望藉由有層次的提問，讓學生不僅有對文本的基本理解，也有情感的投射、內化，漸及於更複雜的邏輯推論，最終達到明白閱讀之後，對日後人生有何幫助。

以余麗瓊文，朱成梁圖的圖畫書《團圓》（主題：家人情感、民俗節慶、珍惜團聚）為例：

遠在外地工作的爸爸，終於在除夕回到家鄉，與妻子、女兒毛毛團圓。爸爸不但與家人一起做過年準備，也趁機為家裡做簡單修繕，讓堅固的家為妻女遮風擋雨。可惜年假結束，爸爸還是須回到工作崗位。雖相隔兩地，但全家人的心仍是緊緊相繫，熱切等待下一次團圓。

「本書的4F思考討論題」：（可依孩子年齡層，選擇適合題目來聊）

Fact 我讀到	1.請將下列情節，依書中敘述，排出正確順序 （ ）包湯圓（ ）大街舞龍燈（ ）剪頭髮（ ）貼春聯 2.故事裡的開始與結束是在一年中的哪幾日？你是從書中的哪裡知道的 3.爸爸回到家可沒閒著，你記得他為家裡做了哪些事嗎 4.如果沒有文字說明書中的時間，你在哪幾頁，可以找到這是發生在「過年」期間的故事 5.封底的圖是在哪裡，你知道嗎？那張相片可能是什麼時候拍的
Feeling 我覺得	1.你覺得爸爸剛回到家抱起毛毛時，毛毛為什麼嚇得大哭 2.爸爸最後又要離家的那天早上，爸爸穿鞋時，你覺得媽媽的臉上是什麼表情 3.全書讓你覺得最溫暖的是哪一頁，給你的感覺是什麼 4.想像一下初二那天，你跟毛毛一樣，在爸爸肩上看大街舞龍燈；在舞龍燈這一頁，根據書上圖畫，你感受到什麼？請說出三個形容詞 5.作家通常會為故事安排「高潮」，依你的看法，本書「高潮」是哪一頁？理由是什麼 6.如果你是毛毛，最後一頁爸爸搭的車遠離時，你在心中想對爸爸說什麼？想對牽著手的媽媽說什麼

Finding 我發現	1.找一找書中的文字與圖畫，說到哪些「一定會在過年時做的事」？跟你家過年會做的事一不一樣 2.你認為作者安排爸爸回家，為家裡做的事情中，有哪幾件是有特別象徵用意的。比如：爸爸貼春聯，是為了讓家裡迎進喜氣。還有呢 3.有沒有發現初二時爸爸將毛毛放在自己肩膀上，毛毛看起來像一個「大」字？你認為這樣安排有什麼用意，是象徵著什麼「大」呢 4.你認為作者安排「起初以為好運幣丟了，後來又找到，因為其實一直在身上」這樣的情節，有沒有特別用意？能不能跟爸爸「離家→回家→離家」連結上關係 5.書中前後出現兩次爸媽的房間，比較一下這兩張圖。請說出兩個你觀察到的不同點，並說說畫家這樣畫，是想表達什麼 6.爸爸又要離家時，毛毛給了爸爸好運幣，你有沒有發現這一頁將爸爸畫得比較巨大，占滿整個畫面，為什麼
Future 我將來	1.下次過年時，你準備幫家人一起做哪些事，好讓這個年將來有特別回憶 2.如果將來你也想寫一個「團圓」的故事，你覺得除了過年，還可以選哪個時間點來寫

（四）為主題找證據

如果是圖畫書或短篇故事，通常主題較單純，也可只針對文本的核心議題，以圖表方法，請學生針對此議題，提出文本中的證據。

以《小紅帽》為例，學生如果提出小紅帽心思很單純，便須在文中找出證據。

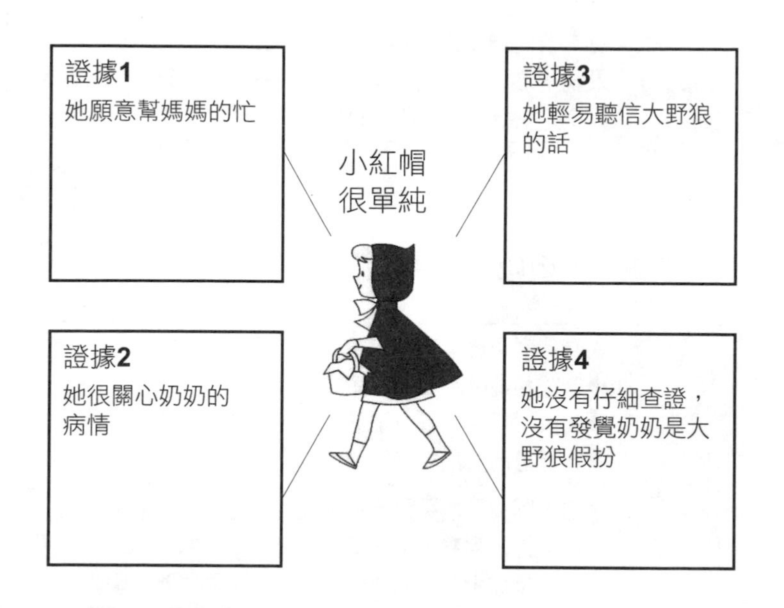

（五）為什麼與如果

有些橋梁書故事情節單純，中心意旨也簡單。討論題便可如下設計。

為什麼	直接由書中挖掘出來的題目，可根據事件發生原因來找問題。以「為什麼」作為開頭。如：為什麼主角會這樣說？為什麼主角要這樣做
如果	由本書延伸出來的題目，以「如果」作為開頭。如：如果我是主角，我會怎麼做？如果主角那樣做，會變得如何？如果結局可以改，我想改成如何

以王淑芬著〈不會噴火的龍〉為例

為什麼	◆為什麼阿寶本來不會噴火 ◆爸爸和媽媽為什麼一定要阿寶噴火 ◆噴火小學用什麼方法教阿寶，為什麼他們這樣做 ◆為什麼阿寶最後能噴出火來
如果	◆如果阿寶最後還是不會噴火，怎麼辦 ◆如果你是阿寶，會怎麼辦 ◆如果是你，有沒有其他方法可以幫助阿寶學噴火

二、有趣的討論活動

（一）拯救老師（適用所有年級各類書）

即傳統的「老師問，學生答」，但是加上變化，可全班分組或個人進行。

1.老師用氣球，或用塑膠袋吹飽當成「SOS信號」，每問一個問題，就拋出求救信號，會答的人趕快來搶。

2.搶到者有答題權，回答後得到老師滿意者，即可得一分。

3.最後計算得最多分的那一排或那一組，可把老師救回家。老師請全排（組）學生吃喜糖。

（二）找老師的麻煩（適用於全年級各類書）

將「教師問學生答」的方式反過來，請學生提問題考老師。

1.每個人準備一個與本書相關的問題，輪流考老師。

2.老師的回答，如果學生覺得滿意，就送老師獎卡。請學生事先在家做好一張「給老師的獎勵卡」。

3.老師如果不會回答，或答得不令學生滿意，可徵求「騎士」解救。凡救老師成功者，可得老師送的獎勵卡。

4.統計老師得幾張獎卡、發出幾張獎卡。得卡多，表示老師有認真讀這本書，學生必須送給老師「一個願望」；反之，則由老師送給學生「一個願望」。（事先約定，願望必須合理，如：不能要求連上一天的體育課。）

本活動主要在培養學生思考、批判能力。學生為了考倒老師，勢必絞盡腦汁，想些高深的問題。因此，儘管老師可能付出「一個願望」的代價，還是值得的。

（三）三三討論法（適用於中高年級）

1.先請學生將故事默讀一遍。（如果故事很長，就拆成

前中後三部分，依次進行）

2.教師提出三個關鍵問題，請學生想答案（不能看書），寫下來。問題不要全部只偏重記憶類。

3.再請學生讀第二遍，提醒他們特別注意剛才的三個關鍵處。學生這一次讀到關鍵處時，自然會放慢速度，停留思考。

4.教師重覆剛才問題，請學生第二次作答，比較和剛才的答案有何不同。

5.如果教師覺得還需要增加幾個關鍵重點，可以再提出另外三個問題，依前步驟進行。

6.將學生分六組，每人在組內對組員做報告。然後全組推派一人，集合全組意見，上臺作三分鐘報告。

（四）首都大挑戰（適用於高年級）

1.學生事先在家準備，看完本書後，欲向同學發問的問題，提醒題目最好有層次。每人至少三題。

2.將全班分成六組，各取一個各國首都的組名，臺北、東京、巴黎、馬德里……。

3.第一道題由老師發問，題目說完，要指定「這道題目我要挑戰東京」。

4.「東京組」必須立刻派人回答。答完後換他們提問，再挑戰下一組。

5.凡五秒內未能接答者，立即淪陷。

6.最後仍存在之組，即為勝利組。獎品訂為「當天不必寫回家作業，或作業減半」。

（五）拼圖討論法

如果共讀的是一本「大書」，章節多且情節複雜，不妨採用拼圖式討論法。

1.全班讀完之後，老師將全書分為數部分（依有意義、可組為某一片段整體者）。

2.全班分組，每組負責一部分的深度討論。

3.討論之後，每組推派一人，上臺報告。

4.如果時間夠，也可輪流讓各組成員，依序至其他組報告「本組討論後的重要結論」，約五分鐘。時間一到，換第二組的成員至其他組報告，依此類推。

5.最後每個人拼圖式的，雖只深論一部份，但能得到全書各組討論後的總體全貌。

其實，不管運用任何活動，目的都是在深入的、精緻的剖析這本書。只要事先設計好問題，問題能呈現此書的精華，一一引導孩子思考，並接納他的「開放性思考」，不預設答案，不固執某一意念，用更包容的胸襟讓孩子思路暢通，這就是成功的閱讀。

指導學生做閱讀記錄

閱讀記錄通常是紙本的記錄，但要代之以有趣的影像錄音、錄影亦可。先談幾個觀念：

1.每次讀完一本書都要寫記錄嗎？不一定。有些書，只要有熱烈的口說討論，讓學生留下深刻印象，也吸收到別人的看法當參考，並練習彼此尊重與自己不同觀點，就有收穫了。

2.然而每次閱讀後，完全沒有書寫的總整理練習，也很可惜。可以選擇某幾本，寫讀後記錄。或是讀完互有關聯的數本書之後，一起做記錄。

3.閱讀記錄可以很簡單的，僅僅是讓學生寫在作業本上，或設計「閱讀學習單」，寫好夾進資料夾中。也可以像下列我所介紹的，以活潑有趣方式呈現。重點不在形式，而是讓學生寫得用心、寫出自己的想法，還要寫出意義。當然，每本書因為主題不同，適合以哪種形式來書寫讀後記錄，端賴老師們彈性應用。

閱讀記錄與預讀單之不同

項 目	預讀單	閱讀記錄
書寫時間	未正式深度討論前 學生自行讀寫	班級讀書會深度討論之後
書寫格式	全班統一規格	可自行設計適合形式，全班不一定統一
書寫重點	著重完成性	著重書寫者風格、閱讀的真實收穫

總之，預讀單是未讀前，讓自己知道該如何掌握本書重點。閱讀記錄則是「個人風格」的讀後完整記錄，讓學生在精讀之後，能確切掌握自己從中學到什麼、留住什麼。以下有幾種形式供參考。

一、我的閱讀存摺

讀書會之後，可在卡片式紙上寫下簡單記錄。「閱讀小卡」主要參考內容含（請依年級調整）。

書名、作者、閱讀日期	
本書我最想永遠記得的一句話或一段內容大意	
這句話與本書主題有何相關，或並無直接相關，但讓你延伸出特別想法	
這段話可以應用於我的生活嗎	
為這本書打的分數	
十個字說心得	

老師在學期開始之初，可先帶全班製作一本口袋書。之後每次的閱讀小卡，便可放入口袋書中保存。彷彿存入一筆又一筆的智慧存摺。可隨時拿出來看，檢視自己在一年中讀過哪些好書。

口袋書做法：

1.A4紙直放摺十字線四等分，直放，剪開左邊橫線，右下角摺出大三角，左上角摺小三角。

2.上排的左邊往右摺，下排整個往上摺。

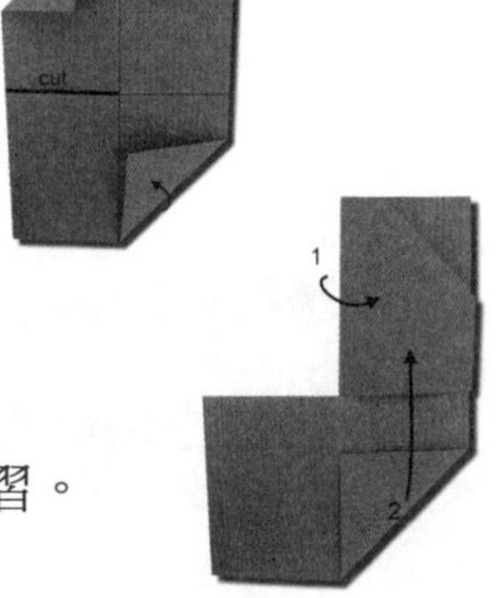

3.背面A處貼膠帶黏合，B處貼一片膠帶，以免袋內的卡片滑出。

二、亮點摘要書

1.列出主要角色，或場景（開始、過程一、過程二、轉折點、結束）來當元素。

2.為每個元素，製作一份火柴匣式的摘要，外面畫角色圖，打開後是亮點介紹。可事先擬好草稿再寫入。

3.將所有製作好的摘要，貼在較大的、已對摺的內部。封面畫設計圖，打開後內部便是本書的亮點摘要。

4.將全班的亮點摘要書展示出來，供全班共賞。

圖為王淑芬著《小偷》（少年小說，巴巴文化出版）的「亮點摘要書」

三、出版我的Zine

Zine是國外年輕文藝工作者喜愛的創作形式，簡單的手工書，寫上自己的作品，便可列印多份來販售。稱之為Zine，是取magazine雜誌的字尾，有「個人的文學小雜誌」之意。

運用製作手工書的方法，可創作自己的小書。有許多手工書做法，只需要一張紙。在一張紙上寫與畫自己的讀書心得，或在電腦上排版好，便能一次列印或影印多份，分送同學親友，甚至還可寫上定價出售。舉辦全班的Zine展，直接在走廊擺設幾張桌子展示，一定讓全校路過的學生，頻頻駐足參觀吧。

鼓勵學生將閱讀所得，寫下來、畫下來，還要對外展示，目的是增加他們的成就感。以下介紹一招「一張紙做16格書」的簡單Zine做法。

1.將一張紙摺出16等分（任何尺寸皆可）。

①

2.右向左對摺，剪開三道黑線處，前後兩張一起剪。

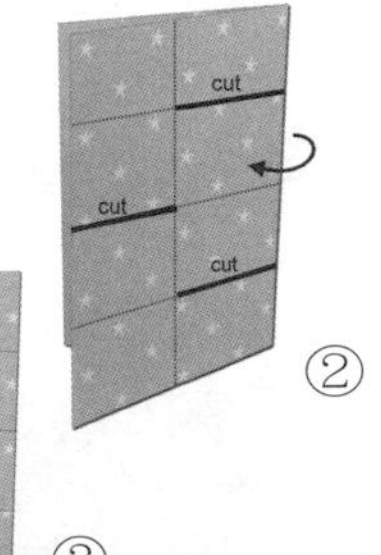

②

3.紙打開，正中央垂直黑線也剪開。

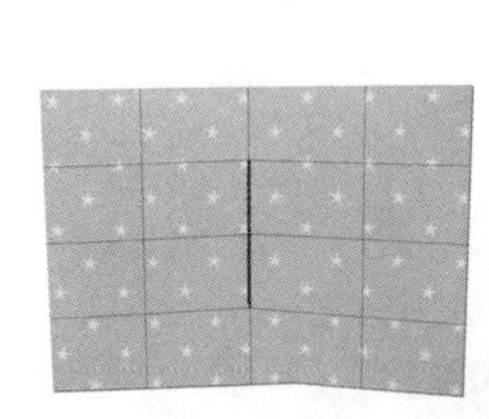
③

4.中央剪開的部分往兩邊摺，壓平。

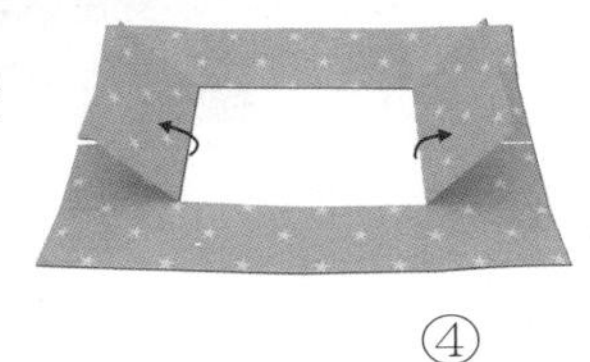
④

5.整張紙由上往下對摺。

⑤

6.前方底端那一排往上摺，後方底端排也往後、上摺，變成只剩一排。

⑥

7.將書立起，左右兩邊（較多頁）往中間靠攏，呈十字形。之後依箭號收成一本書。

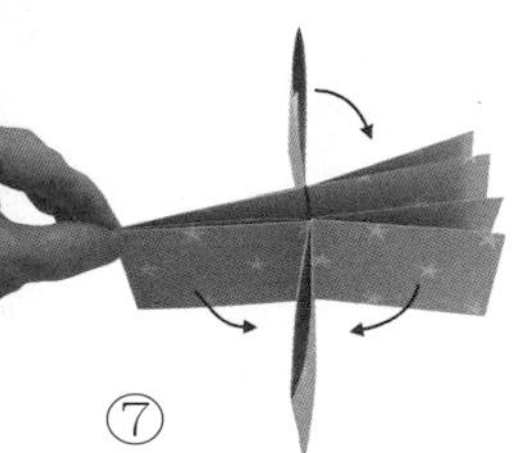
⑦

8.小書寫與畫內容，還要加上封面與封底設計。

⑧

四、讀書會專刊

讓學生將讀書會閱讀的心得，撰寫、插圖，由幾位編輯能力強者，編為一份班級讀書會專刊，可以仿照報紙的樣式，有刊頭，請老師或某位貴賓題字。還可全班討論：是免費發送，還是定價販賣？可賣給家人與別班同學。所得的錢，可作為辦理讀書會相關經費。

還建議如果經費充足，尚可發稿費給有獲選刊登於專刊的作者。相信對學生的鼓勵一定很大。說不定專刊編得好，還能名揚全校，激起話題，引起效尤呢。

五、舉辦「瘋狂讀書會」

瘋狂可替代為其他形容詞，最好搭配此次閱讀文本的主題或氣氛。比如搭《愛麗絲夢遊仙境》便是「瘋狂讀書會」（因為書中有「瘋狂下午茶會」）。

1.舉辦時間：不要離讀書會之後太久，讓閱讀討論的熱度繼續延燒發光。

2.地點：教室布置得溫馨些。可讓學生帶小點心（餅乾、小蛋糕）來分享；教師準備適合孩子飲用的茶包，泡一壺茶，或調配美味果汁。挑選柔美的鋼琴小品樂曲（舒曼、蕭邦、貝多芬皆可），在教室輕聲播放。

3.可邀請貴賓參加：可事先做好邀請卡，歡迎貴賓一起來分享本班的美好時光。邀請對象可以是：家長、校長、主任、其他教師、別班同學等。

[範例]

敬愛的校長、主任：

本班最近共讀了一本精采萬分的小說《水滸傳》，想邀請您來參加我們的讀書心得發表會，爲了搭配這本書的風格，我們決定將它命名爲「俠義讀書會」。

有優質茶點、優質音樂、優質心靈伺候

時間：

地點：六年十班教室

請攜帶：一顆熱愛閱讀的心前來

期待您的蒞臨！

邀請人：

4.座位安排：盡量排成口字或分組、或圓形，讓表演者可站在中間發表。

5.活動內容參考

口頭發表或紙本發表	⑴請學生每人準備一分鐘或三十秒的讀書心得（以個人的想法為主，不須再複述故事內容 如：這本書給我的震撼是、我以前不知道……，看了本書後，我決定以後……、書中最令我難忘的人、事、物……等 ⑵張貼展示與本次閱讀相關的預讀單、讀書記錄等 ⑶相關物品展示：可事先收集與本書相關的各種資料、物品、圖片等
戲劇表演	將書中情節以短劇方式演出，廣播劇、指偶、布偶、真人演出皆可。可以將情節濃縮，只演大綱；也可摘錄最精采一段表演
小小辯論會	如果書中有兩個觀點，可舉辦辯論會
貴賓有話要説	邀請貴賓分享自己的童年閱讀經驗，或也曾讀此書的心得

6.選定某位學生擔任主持人

7.整個活動結束，由老師或貴賓評選出一位「優質讀書人」，獲證書一張，並免費獲得下次讀書會的書（所有活動可由班費支出，或請家長支援讀書會經費），或有權決定下次讀書會的書目。

閱讀記錄，不論是口頭的心得發表，還是紙本記錄，主要是讓學生回饋他的閱讀經驗，並將整本書做一次整體回顧；不同於教師的導讀。導讀是師父領進門，發表是自我修行領悟。

最重要的，學生在與別人交流閱讀經驗時，他可以享受到那種「智慧碰撞」的樂趣，這種樂趣與自己在家看書的性質迥然不同。

我絕對相信，透過這樣的讀書心得發表，能培養學生分析、組織及表達能力，不是「海棉式」的只有吸收，而是「蜜蜂式」的釀成佳蜜。

當然，就算是簡單的買現成空白筆記本，一樣可以鼓勵學生將寫成簡要的讀書筆記，並可分類；如：依作者性別、國籍分，或依書的類別分。一段時間後，檢視自己的讀書閱讀範疇，是不是都集中在某類。

讀書會的延伸活動

讀完一本書，或讀完數本書之後，如果能搭配延伸活動，可讓學生對閱讀的熱情持續加溫，更可對內容做有創意的發揮，激盪出更多想法。以下為活動舉例。

活動1：書中人比賽

訂一個主題，比如「書中角色的選美比賽」（還可訂為選醜、最勇敢、最壞、最善良……）

請每位學生提出所閱讀的一本書或多本書中，覺得最美的三位，並說明理由。最後還可由全班票選，選出一位冠軍。將最後結果公布在教室布欄一週，讓全班一週都能繼續回味這項有趣活動，也可成為學生課餘有趣話題，培養對書的美好情感。

活動2：顛覆劇場

把書內容重新改寫，考驗學生的創意、組織、情節邏輯能力。可用方式如下：

⑴結局大顛覆：讓學生分組討論：對原來故事的結局，有什麼不滿？如果改個結局，會有什麼效果？每組派人上臺報告。

⑵故事也瘋狂：將故事中主要的「角色、性格、事件、地點」分別寫在紙條上。再將紙條分類裝進四個紙盒中。學生分組，每組派一人來抽籤，每類抽一張。等於每組有4張分別是「角色、性格、事件、地點」的紙條；再依此這些元素，即興討論編出一小段新故事。各組輪流上臺報告，或願意演出更好。

[範例]以王淑芬著《我是白痴》（少年小說，親子天下出版）為例。

角色	彭鐵男、跛腳、丁同、楊老師、林佳音、彭媽媽、數學老師、彭妹妹
性格	老實、勇敢、強欺弱、無奈、同情、憐憫、歧視、自卑
事件	水球大戰、我做一朵花、畫木瓜、視力檢查、都是假裝的、討厭考試
地點	教室、操場、家中客廳、麵店、街道上、補習班、教師辦公室

活動3：偶像爭霸賽

⑴將學生分組，每組分派到一個角色。比如《我是白痴》中的彭鐵男、跛腳、丁同、楊老師、林佳音等。或是數本書的書中角色，比如《哈利波特》的哈利波特、妙麗，《西遊記》中的孫悟空、唐三藏、《魔戒》中的佛羅多等。

⑵每組為自己的角色編寫「偶像優點大轟炸」。可找書中他說過的話、做過的事來證明他是個有特色的人。

⑶各組依抽籤順序上臺為自己的角色拉票。還可稍加打扮，演出此角色的特徵，比如哈利波特戴著眼鏡，手持魔法棒，額頭有閃電符號。

⑷可邀請科任老師來打分數，或事先有三位班上較有公信力的學生不參與，擔任評審。最後頒發「最佳偶像獎」將角色剖析得最好者、「最佳嘔像獎」（將角色顛覆得最爆笑最另類者）。

本活動主要在讓學生更深入了解每個角色的想法、

心理特質，解析他為什麼會做某事，如果換個角度、立場、時空，會不會有不同做法。

活動4：廣播劇或面具短劇

⑴將學生分組，選取故事中最精采的一段編寫成短劇。（每組都是同一段）。

⑵每組上臺，蹲在講桌後，只以聲音來演出此劇；可加入音效（開門聲、腳步聲等）。

⑶此活動適合較內向，不願上臺露臉演出者；也可戴上面具演出。全班皆演出同一段，可互相觀摩別組加入什麼特效音響，以及同樣角色、不同聲音演出，有何不同？

活動5：小小插畫家

欣賞書本的封面及內頁插畫，請學生發表看法。是否和故事的氣氛吻合、最喜愛哪一頁的插圖。再利用美

術課，為本書重新設計一個封面或畫出自己印象最深刻的畫面。最後將學生作品展示出來。

活動6：故事接龍

⑴事先做好全班學生數量的籤紙，寫上學號或名字。由老師挑選故事某一段，開始講第一句，然後抽籤請學生接著說，學生可以按照故事原來情節發展，也可以依自己的意思重編。

⑵每位學生說一小段，再抽籤由下一位繼續接著說。

活動7：寫信給作者

深入的讀完一本書，一定會有許多感悟。把這些想法寫下來，寄給作者，相信作者看完，會覺得十分欣慰。（寫作目的本來就希望能和讀者有所溝通。）

指導學生，這封信的重點，可以是：

⑴看完本書的最大收穫？

⑵我看這本書時的感受（開懷、感傷、痛苦、流淚、大笑……）？

⑶我對這本書的疑問？

⑷因為（寫出一個具體原因）……所以我想頒（　）獎給這位作者（可手作一個獎牌）。

⑸期待作者以後再寫哪一類的書？

如果再附上閱讀記錄、預讀單的影本，或所畫的插圖、獎牌，一併寄到出版社，轉交予作者，作者接獲這樣的回饋，必定十分感動。而學生在書寫過程中，也再次整理他對本書的印象。

活動8：邀請作者來訪

有時，透過與出版社協商，說不定能邀請作者到學校來為學生說故事、談創作趣事、寫作甘苦。如果作者答應來訪，師生可以安排一場溫馨的交流座談會。

(1)每位學生事先準備一份禮物送給作者，自製小卡片、寫封「情書」、畫一張圖、蒐集作者的剪報資料等。

(2)請作者說一則小故事給學生聽。

(3)作者與學生問答。

(4)學生帶作者參觀校園，並在校園裡他們最喜歡的地方與作者合影。

除了以上介紹的活動，相聲、雙簧表演，兩人一組演出故事情節；將故事角色畫成紙偶（畫好後套在手指上，或貼、插在竹筷、鉛筆上）演出；找出與本書相似的其他書籍討論……都是可以進行的延伸活動。

獎勵與觀念

一、如何獎勵

老師可以與學生共同制定「獎勵辦法」，比如：票選「最佳閱讀學習單」，評選「最佳發表獎」「最佳讀書筆記獎」等。但是，老師必須漸漸引導學生體認「閱讀」本身就是一種獎賞；透過讀書，人才能有所提升改變、擴展視野。

二、如果有學生參與意願很低

（一）也許是他對某類書特別沒興趣，老師選書時應做多面向考慮。

（二）來自「零閱讀」甚至「反閱讀」家庭（拒絕買書，也不支持讀書會活動），所以對書本反胃，提不起興趣。老師不妨先借給他一些有趣又簡單的書，慢慢鼓勵。

（三）運用同儕力量來影響他。如：把他安排閱讀情形最熱烈的那一組中，讓他感染氣氛。

（四）最重要的，如果真有這樣的學生，怎麼樣也沒法子讓他愛看書，教師也別覺得太挫敗，造成自己的壓力。凡事盡力而為，只要能影響一個學生，就算成功。

三、運用社會資源

（一）家長絕對是最好的幫手。徵求「故事志工」利用早自習時間或午休時間來念故事，或事先在家錄好音，播放給學生聽；或請家長協助批閱「閱讀學習單」；得到的支援越多，閱讀氣氛越濃厚。

（二）各圖書館、基金會、出版社也有資源可運用；參加活動時，可以留下聯絡方式，以便日後收到相關訊息。

四、幾個觀念

（一）我認為「班級讀書會」並不須特別強調它的語文功能（但也並非一點都不重視），亦即「認字、習寫、詞義、修辭」等等基本技巧，並非讀書會唯一重點，因為平常語文課就會教這些；重點應該是「情感教育、人文素養、邏輯概念」等方面的陶冶。

（二）接受學生的任何理解，包括「誤讀」（非作者創作本意），鼓勵眾聲討論，只要能說出支持自己論調的證據。不必非得把每個學生的思維，都規畫成相同的、唯一的路線圖。

（三）氣氛更重於閱讀的實際收穫。不要在乎學生看完書後，記得多少情節、人物；重要的是，經由這樣的活動，有沒有引發學生閱讀的熱情與喜好。萬一適得其反，學生反而更厭惡書本，那就糟了。所以，千萬別讓它流於學生的「另一項作業」，學生一想起必須準備讀書會活動就頭痛。應該讓學生期待並能自主閱讀才好。

（四）當多數學生能自發閱讀後，可以不定期的舉辦「個人讀書發表會」。請有意願的學生事先登記，利用適當時間，發表他近日看的書，其大意、動人處、感想，並帶相關資料展示即可。前後不超過十分鐘，卻能讓其他學生知道，別人在看些什麼。學期末並統計，誰舉辦的發表會多，由老師給予獎勵。這股風氣如能形成，必能帶動更多學生喜愛看書。

（五）重質不重量，不要因為此活動而形成壓力（不論對教師、家長或學生）。請注意責任轉移：一開始，負責領導討論的大人是主導者、代勞者，接著慢慢成為協助者（只負責設計流程，其他工作可讓學生自行處理）；最後大人只是陪伴者。

（六）本書所介紹的所有流程、活動，並非一成不變。您可以依此模式運作，也可以有自己的一套方法。

閱讀，能讓人知道自己的「有限」與「無限」在哪裡。願所有為孩子耕耘的「書香園丁」，從此過著書香滿園、幸福快樂的日子，直到永遠。

閱讀能力評估

雖然開展班級讀書會，不全然是為了看到成果，達到績效；但是如果能有評估方法，取得閱讀能力指標，我們才能依循結果，作為之後調整修正教學之用。

PIRLS是針對小學四年級的閱讀能力評量。如果就一般學童該達成的閱讀能力，大抵可分為下列幾個向度：

1.閱讀流暢度。

2.閱讀理解力。

3.評鑑與應用。

項目	重點	內涵	合於PIRLS的層次
閱讀流暢度	這是閱讀的基礎，中文媒體常用字約5200字。一個人如果沒有足夠的閱讀辨識速度，就無法達成閱讀理解力	最低標準，四年級以上學生應該一分鐘能辨識120個字（成人約為250個）	1.直接提取

項目	重點	內涵	合於PIRLS的層次
閱讀理解力	句意理解 文意統整 推論理解	學生應該懂得 ◆同語詞在不同文段的不同義 ◆文本中的字面直義與隱喻 ◆理解句子涵義 ◆摘要段落大意 ◆統整出文本大意與主旨 ◆分析寫作手法 ◆文本未明說，讀者應讀出的	2.直接推論 3.詮釋整合
評鑑與應用	分析評估與延伸應用	學生閱讀之後 ◆能針對文本評出其優點與缺失（不合理處） ◆根據文本，延伸出創意寫作與口說表現 ◆知道將來如何應用閱讀所得	4.比較評估

在此必須特別針對「流暢度」做說明。小學生應該識得多少中文字，才對閱讀流暢度有幫助？下表為臺灣天下雜誌基金會2008年針識字量估計數的研究統計結果：資料來源：http：//reading.cw.com.tw/readingtest/correct.htm#

年段	平均識字量	95%信賴區間識字量
小一	713	371～1053
小二	1248	971～1527
小三	2108	1410～2806
小四	2660	1779～3543
小五	3142	2425～3859
小六	3340	2531～4149

引用此研究報告的結論是：一個人能認識2,709 字以上，便能應付99%書面文字。這可以當作是一個脫離文盲的最低門檻，大致上也就是四年級學生的平均水準。這個指標可以用來檢視學生識字量的多寡，作為是否需要補救的指標之一。

如果再細分兒童在每個年齡層應有的閱讀能力發展，通常我們會根據美國認知發展專家、哈佛大學教授夏爾Jeanne Chall提出的「閱讀發展六階段論」（夏爾主要根基於瑞士發展心理學家皮亞傑的理論）。

Chall閱讀發展六階段論

階段	年齡	教學重點	具體閱讀行為描述
前閱讀期	0~6歲	1.培養閱讀興趣 2.培養對文字的好感	1.可從圖片中的訊息猜測字意 2.能寫自己的名字 3.可辨認生活常見文字，如路標、知名品牌商標名等 4.可從最熟悉的書中指讀出一些字 5.會正確拿書，邊念邊用手指字 6.能看圖説故事，或補充故事內容 7.讀書時，能辨認何時該翻頁
閱讀初期 （識字期）	1~2年級	1.培養閱讀興趣 2.提升識字能力與對文章語句理解力	1.能連結文字和字音之間的關係 2.閱讀時可邊猜邊記 3.會專注於文章的意義，不會一直停留在字句上。能自行補充 4.未必了解作者的真意
流暢期	2~3年級	1.大量閱讀 2.須發展閱讀常用的知識與能力	1.更加確認所讀文本的意思 2.能從舊經驗，略去贅述與文章細節，轉而從文章脈絡中解碼，閱讀更流暢 3.此期是關鍵期，若無法得到大量閱讀機會，或養成閱讀習慣，便無從獲得回饋，增加流暢度，語言發展也會較遲緩 4.研究顯示：三年級時若成就測驗明顯低於正常值，往後求學期間通常也如此

階段	年齡	教學重點	具體閱讀行為描述
閱讀新知期	4~8年級	1.大量閱讀 2.提供不同類型的文本 3.多做討論，問個好問題	1.能從閱讀中吸收新知，並以默讀代替朗讀，正式進入「為理解而閱讀」，而非「為認字而閱讀」 2.先備知識、字彙以及認知能力還有限，此期前半段的閱讀內容與目標較清楚、觀點單一、尚無法閱讀太複雜的文本 3.此期前半段藉由聽與看得來的訊息，會比自主閱讀的學習來得快；但此期的後半段則相反。會大量從閱讀得取新知 4.此期若想從閱讀中獲得新知，必須具備足夠的先備知識與經驗，方能有效解讀新訊息 5.必須學習從段落、章節中找出有助閱讀的訊息 6.六年級時可以閱讀成人短篇文學作品，或多讀主題介紹明確的書 7.中學階段，會發展出接近一般成人的閱讀能力， 可讀常見書報雜誌、通俗成人小説等 8.此階段閱讀是為了獲得事實、概念及做事方法 9.能以口語或書寫，流暢且精確表達自己的想法

階段	年齡	教學重點	具體閱讀行為描述
多元觀點期	9~12年級	1.多元閱讀 2.討論時關注多元觀點	1.閱讀內容的長度、深度和複雜度增加 2.閱讀時能學習處理多樣事實、理論、觀點，以獲取新的概念和觀點
建構和重建期	13以上	1.多元閱讀 2.整合觀點	1.知道自己該選擇那些訊息以獲取知識 2.會藉由分析、綜合、判斷，形成自己的看法 3.先備知識和對主題的熟悉度能幫助閱讀速度 4.已有能力從抽象概念中建構知識

綜觀這六階段，其實可簡化為：

1. 0至小學三年級：學習閱讀的能力（learn to read），

2.小學三年級以上：透過閱讀學習知識（read to learn, learn from reading）

若再簡化為小學各年級閱讀教學重點，則為：低年級重「識字量、基本理解，」中年級重「流暢閱讀」，高年級重「閱讀思考與寫作」。

因此，當我們要評估學童的閱讀能力時，也必須根據其認知發展能力編製題目類型與層級。若以小學不同年級，在PIRLS層次的能力發展上做測試，題目數量所占比例可參考如下。

以六題為例，所占題數如下：

年級	1.直接提取	2.直接推論	3.詮釋整合	4.比較評估
低年級	3	1	1	1
中年級	2	2	1	1
高年級	1	2	2	1

篇幅所限，本書僅列三篇文章供評測，並依據PIRLS層次出題。可供教師日後出題方向之參考。請學生作答後，根據答案評估其閱讀能力，再進行補救教學。

出題時，有下列幾個具體建議：

1.盡量不出單純的「計算數目」題，尤其答案選項不要出現（A）1個、（B）2個……。因為有可能學生只是猜測而得。

2.選項字數盡量相同，以免學生受誘導去選最長的或最短的。

3.題幹必須問得很清楚，答案選項亦是，不模稜兩可。比如「他們適合在一起嗎」，「適合」的定義不清楚。

4.如果是開放性問題，也不能「怎麼答都可以」；可加入「從文中找證據支持你的看法。」

[評量題1]〈賣牛奶的女孩〉（適用於低年級以上）

本文為王淑芬改寫民間故事，請學生閱讀文章後，再作答。

〈賣牛奶的女孩〉

有一位少女，大清早在農場擠好鮮奶，將鮮奶裝進木桶，頂在頭上，準備帶到市場去賣。

天氣真好，女孩在路上邊走邊開心的想：「這桶牛奶一定能幫我賺點錢，我可以將賺到的錢，買幾隻母雞回家。」她又想：「有了母雞，每天為我下蛋，我再把蛋拿去市場賣，又會存到更多的錢。」

走在路上，她又繼續高興的想著：「存一陣子後，我要把這些錢，拿去買美麗的髮帶、全新的衣服，以及一雙上等的鞋子。」打扮之後，她該有多美啊。

於是她又想：「到時候，當我走過街上，所有男孩都會看著我，然後邀請我去參加舞會，向我求婚，希望我成為他的美麗妻子。哼，我還年輕，才不要呢……」

女孩想到這裡，不禁得意的搖起頭來。這一搖，頭上木桶打翻了，掉在地上，牛奶也留滿地。她的母雞、她的新衣、她的舞會、她的美夢，全都消失了。

［範例］

1、女孩頭上的牛奶，是哪裡來的？

（A）從工廠送來的

（B）從別人家買來

（C）農場擠的

（D）路上撿到

2、走在前往市場的路上，文中的少女剛開始有什麼想法？

（A）把牛奶帶回家

（B）想要多賺點錢

（C）如何變成美女

（D）想要結婚嫁人

3、女孩邊走邊想，她想到的東西，依序是什麼，請將順序以1234填在（ ）中。

（　）求婚

（　）舞會

（　）母雞

（　）新衣

4、根據這篇故事，請問下列哪個選項是真實的，而非主角想像？

（A）母雞的雞蛋

（B）舞會的求婚

（C）全新的衣服

（D）農場的鮮奶

5、如果想為這個故事，另訂一個題目，哪個最符合故事的寓意？

（A）美麗的女孩

（B）漂亮的新衣

（C）空虛的夢想

（D）華麗的舞會

6、你認為這個故事想要告訴我們什麼道理？

答：______________________________

____

____

____

____

____

〔解答〕

1（C），2（B），3（4、3、1、2），4（D），5（C）。

6參考解答：雖然有夢很美，但要腳踏實地；不要沉醉在空想中，要付諸行動；不要好高騖遠，要老老實實的做事；天下沒有白吃的午餐等。

〈說明〉

評估能力	1.直接提取	2.直接推論	3.詮釋整合	4.比較評估
低年級題數	3	1	1	1
試題編號	第1-3題	第4題	第5題	第6題

至少須答對第1到3題，否則閱讀能力低於平均水準。

[評量題2]〈蘇東坡賣扇〉（適用於中年級以上）

本文為王淑芬改寫，請學生閱讀文章後，再作答。

〈蘇東坡賣扇〉

宋朝的大文豪蘇東坡擅長書畫，眾人爭相收藏。當他擔任錢塘太守時，有一天有人跑來衙門告狀：「稟告大人，那個姓朱賣扇子的，欠我兩萬銀兩，不論我怎麼催討，就是不還。請大人幫我評評理啊！」

於是蘇東坡請那位朱姓賣扇子的，到官府來說個明白。那人一來便哭訴著：「不是我不還債，只因為父親剛過世，那筆錢，先挪來支付喪葬費用；我心裡想著，只要賣掉扇子就可以還錢了。哪裡知道，這段時間以來，天天下雨，根本沒人會買扇子。我日日祈求上天不要下雨，也沒用呀。」

蘇東坡見那人面色誠懇，又請人私下調查，發覺朱姓賣扇者所說的不假，於是心生一計。他再度請那人來，而且必須帶著他賣不掉的扇子來，還吩咐底下人把這個消息散播出去。

賣扇子的滿臉疑惑，捧著一堆扇子進門。只見蘇東坡桌上已備好墨、筆，一旁小吏磨好墨後，招手要賣扇子的將扇子一一打開；然後蘇東坡便在扇子上開始畫山水、寫詩句。

朱姓男子瞪大眼，臉色看起來緊張極了。蘇東坡卻說：「且莫擔心，我畫好後，你拿出去，只消說這是我畫的，便成。」

賣扇子的邊走邊懷疑著，沒想到，他才捧著扇子走出衙門，便有一群人蜂擁而上，大喊：「賣給我，我需

要！」還有人迅速搶過幾把扇子，直說：「真是太幸運啦！這幾把我全買下。」

最後賣扇子的不但還清債，還有一筆餘錢，可以好好度過一些日子，不必再擔心天天下雨了。

[範例]

1、蘇東坡用了什麼方法解決賣扇子的債？

（A）買下他的扇子

（B）給他一大筆錢

（C）祈求天不要下雨

（D）想法替他賣扇子

2、關於這個故事中的人物敘述，下列哪個選項錯誤？

（A）蘇東坡擔任錢塘太守

（B）小吏磨墨想要學書畫

（C）朱姓賣扇的人欠了錢

（D）告狀者催討兩萬銀兩

3、蘇東為什麼願意幫助賣扇子的？

（A）擔心百姓不喜歡他

（B）確定對方值得幫助

（C）發揮自己當官的權力

（D）展現自己書畫的功力

4、你認為最後許多人搶買扇子，最可能的原因是什麼？

（A）總有一天會需要扇子

（B）相信助人為快樂之本

（C）這扇子的價值已經不同

（D）討好新來的官員蘇東坡

5、哪個形容，最適合用來描述蘇東坡做的這件事？

（A）人民為我，我為人民

（B）詩中有畫，畫中有詩

（C）舉手之勞，好善樂施

（D）苦中作樂，與民同樂

6、你認為蘇東坡會隨便到處助人，還是會視情形而定？請從文中找證據支持你的看法。

答：______________________________

____

____

____

____

〔解答〕

1（D），2（B），3（B），4（C），5（C）。

6參考解答：須選擇「視情形而定」，文中證據「私下請人調查，發現所說為真」

[說明]

評估能力	1.直接提取	2.直接推論	3.詮釋整合	4.比較評估
中年級題數	2	2	1	1
試題編號	第1-2題	第3-4題	第5題	第6題

至少須答對第1到4題，否則閱讀能力低於平均水準。

[評量題3]《地圖女孩·鯨魚男孩：十年後》摘錄

（適用於高年級以上）

本文摘自王淑芬著《地圖女孩·鯨魚男孩：十年後》，請學生閱讀文章，再作答。

〈地圖男孩〉

老戴拉開抽屜，取出那一疊想寄給張晴，卻永遠無法投遞的明信片。

十年來，每一張都以十足的思念寫就。然而，它就只能活在自己的抽屜裡了吧。「張晴，我永遠第一個想起妳，但也只能這樣的想起妳。」

在他最單純無憂的年少時代，生命為他端上的第一道感傷，就是張晴。此後，他跨進苦樂參半的真實世界。當年那個熱愛鯨魚的自己，在嘗過一道道生命苦果與甜點後，才察覺自己並非鯨魚。遼闊自由的大海，不是他的人生背景。到頭來，也許自己才是地圖男孩，只想要一張印刷清楚的生命街道索引。

就像現在這樣吧。他將明信片收回抽屜。關上。

他是一張印刷清楚的地圖，不再迷路。

〈鯨魚女孩〉

張晴從前總習慣將老戴描述為「鯨魚男孩」，他熱愛鯨魚，也研讀不少相關資料。因之老戴為周遭的人一一以鯨魚命名。比如張晴是抹香鯨，因為「腦袋大」；老戴姐姐是藍鯨，因為體積最大，可以保護一切。

此刻張晴想起，反倒覺得老戴才不是鯨魚男孩呢。他不會漂浮不定，他沒有不安的海洋性格，與鯨魚過於壓迫人的龐大。認真說起來，會不會她自己更像「鯨魚女孩」，是不安於小池淺坑的鯨魚？

此刻，他在哪裡？當年離開時，他那句「我永遠第一個想起妳」，曾陪她度過每一次心碎時刻。本來她以為，十年之後，年歲漸長，這樣的傻話就會被自己丟入垃圾桶，當成生命裡曾有的一朵金黃玫瑰。如今，當然已知它是傻話，卻奇怪的對她仍有療效。

［範例］

1、根據文中對於老戴的敘述，下列哪個選項錯誤？

（A）在十年前認識了張晴

（B）懂得許多鯨魚的知識

（C）年少時曾為了張晴傷感

（D）張晴收到的信是他寫的

2、文中「只能活在我的抽屜裡」，這句話的意思是什麼？

（A）世界上沒有這個人

（B）明信片無法投遞

（C）張晴十分想念老戴

（D）永遠第一個想起妳

3、讀完本文，以下哪句話說法正確？

（A）老戴最後終於有了決定

（B）張晴決定忘記老戴當年傻話

（C）稱鯨魚男孩是因為漂浮不定

（D）稱地圖男孩是因為喜愛旅行

4、請整理文中線索，推斷張晴是個怎樣的女孩？

（A）安分守己

（B）內向老實

（C）不安現況

（D）單純無憂

5.關於本文的象徵手法，何者敘述錯誤？

（A）地圖男孩：常常迷路

（B）鯨魚女孩：嚮往自由

（C）抹香鯨張晴：腦筋不錯

（D）藍鯨姐姐：能力很強

6、你認為文中老戴與張晴的星座可能是什麼？請從文中找證據支持你的看法。

星座特質參考

星座	特質
牡羊座	勇氣、面對挑戰、熱情活躍、善領導、不服輸
雙子座	自信、創造、領導、表演、驕傲、不喜被忽略
金牛座	好學。個性溫和又堅實，性情沉著踏實。一旦決定，堅忍不拔
天秤座	凡事講求邏輯和策略。有公正的判斷力，善於協調
摩羯座	有高度的耐力，思想深沉，熟知世事，值得信賴
水瓶座	獨立冷靜、聰明、不合群、不穩定、變化大、無法捉摸

人物	老戴	張晴
星座		
文中支持的證據		

〈解答〉

1（D），2（B），3（A），4（C），5（A）

6參考答案

人物	老戴	張晴
星座	金牛座或摩羯座	水瓶座
文中支持的證據	好學 他不會漂浮不定，我永遠第一個想起妳	是不安於小池淺坑的鯨魚

〈說明〉

評估能力	直接提取	直接推論	詮釋整合	比較評估
高年級題數	1	2	2	1
試題編號	第1題	第2-3題	第4-5題	第6題

至少須答對第1到4題，否則閱讀能力低於平均水準。

國家圖書館出版品預行編目資料

班級讀書會一本通／王淑芬、王秀梗著. - 初版 . --臺北市：幼獅, 2017.12
面； 公分. --（工具書館；10）

ISBN 978-986-449-098-1（平裝）
1.讀書會

528.18　　106020274

工具書館010

班級讀書會一本通

作　　者＝王淑芬、王秀梗
繪　　者＝吳嘉鴻
出 版 者＝幼獅文化事業股份有限公司
發 行 人＝李鍾桂
總 經 理＝王華金
總 編 輯＝劉淑華
副總編輯＝林碧琪
主　　編＝林泊瑜
編　　輯＝周雅娣
美術編輯＝李祥銘
總 公 司＝10045臺北市重慶南路1段66-1號3樓
電　　話＝(02)2311-2832
傳　　真＝(02)2311-5368
郵政劃撥＝00033368

印　　刷＝祥新印刷股份有限公司
定　　價＝250元
港　　幣＝83元
初　　版＝2017.12
書　　號＝951082

幼獅樂讀網
http://www.youth.com.tw
e-mail:customer@youth.com.tw
幼獅購物網
http://shopping.youth.com.tw/

行政院新聞局核准登記證局版臺業字第0143號